Ontdek gratis online spelletjes

Hier verkrijgbaar:

BestActivityBooks.com/FREEGAMES

5 TIPS OM TE BEGINNEN!

1) HOE OP TE LOSSEN

De Puzzels zijn in een Klassiek Formaat:

- Woorden worden verborgen zonder pauzes (geen spaties, streepjes, ...)
- Oriëntatie: Voorwaarts & Achterwaarts, Boven & Beneden of in Diagonaal (kan in beide richtingen)
- Woorden kunnen elkaar overlappen of kruisen

2) ACTIEF LEREN

Naast elk woord is een spatie voorzien om de vertaling te noteren. Om actief te leren vindt u een **WOORDENBOEK** aan het einde van deze editie om uw kennis te controleren en uit te breiden. U kunt elke vertaling opzoeken en opschrijven, de woorden in de puzzel vinden en ze vervolgens aan uw woordenschat toevoegen!

3) TAG JE WOORDEN

Hebt u al geprobeerd een labelsysteem te gebruiken? U zou bijvoorbeeld de woorden die moeilijk te vinden waren kunnen markeren met een kruis, de woorden die u leuk vond met een ster, nieuwe woorden met een driehoek, zeldzame woorden met een ruit enzovoort...

4) ORGANISEER UW LEREN

Wij bieden ook een handig **NOTITIEBOEKJE** aan het eind van deze uitgave. Of u nu op vakantie, op reis of thuis bent, u kunt uw nieuwe kennis gemakkelijk ordenen zonder dat u een tweede notitieboek nodig hebt!

5) AFGESLOTEN?

Ga naar de bonussectie: **FINAAL UITDAGING** om een gratis spel te vinden dat aan het einde van deze editie wordt aangeboden!

Wil je meer leuke en leerzame activiteiten? Het is Snel en Eenvoudig! Een hele collectie spelboeken slechts **één klik verwijderd!**

Vind uw volgende uitdaging bij:

BestActivityBooks.com/MijnVolgendeBoek

Klaar... Start!

Wist u dat er zo'n 7000 verschillende talen in de wereld zijn? Woorden zijn kostbaar.

We houden van talen en hebben hard gewerkt om de boeken van de hoogste kwaliteit voor u te maken. Onze ingrediënten?

Een selectie van onmisbare leerthema's, drie grote plakken plezier, dan voegen we er een lepel moeilijke woorden en een snuifje zeldzame woorden aan toe. We serveren ze met zorg en een maximum aan verrukking, zodat je de beste woordspelletjes kunt oplossen en veel plezier beleeft aan het leren!

Uw feedback is essentieel. U kunt een actieve bijdrage leveren aan het succes van dit boek door een recensie achter te laten. Vertel ons wat u het meest beviel in deze editie!

Hier is een korte link die u naar uw bestelpagina brengt:

BestBooksActivity.com/Recensies50

Bedankt voor uw hulp en veel plezier met het spel!

Linguas Classics

1 - Metingen

기	예	임	츠	스	키	법	츠	공	수	춤	즐	그	하	공	식
하	포	즐	원	술	독	술	사	재	법	식	여	램	임	게	임
투	심	낚	스	톤	서	수	림	술	독	술	사	뽐	시	독	수
캠	츠	분	예	봉	하	임	퍼	활	도	심	킹	게	킹	독	예
렵	킹	퍼	야	렵	식	법	온	편	심	편	즐	원	다	뽐	시
캠	깊	이	길	파	편	너	스	독	여	가	야	관	편	농	다
킹	관	핑	물	편	인	비	예	원	구	술	하	예	다	킹	렵
림	법	물	독	관	진	트	다	퍼	관	야	수	츠	마	포	게
게	투	츠	서	야	캠	심	물	다	투	수	센	편	렵	심	관
도	핑	공	렵	야	인	치	투	물	퍼	캠	티	킬	수	활	바
기	다	시	예	그	진	사	즐	심	이	임	미	로	원	사	이
킹	낚	도	물	휴	캠	리	터	미	낚	뽐	터	그	하	활	트
봉	하	휴	낚	권	원	식	킹	미	십	진	수	램	스	심	야
사	사	원	야	사	서	활	무	게	로	질	량	뽐	활	도	포
봉	독	동	서	츠	다	농	다	낚	렵	킬	음	렵	다	관	스
봉	편	물	물	기	다	사	포	마	구	식	스	림	렵	수	춤

너비

바이트

센티미터

십진수

깊이

무게

그램

인치

킬로그램

킬로미터

길이

리터

질량

미터

온스

파인트

음량

2 - Opwarming van de Aarde

국 즐 렵 핑 즐 킹 스 심 법 수 원 농 권 렵 렵 야
제 수 독 여 캠 서 심 수 춤 투 재 기 춤 하 북 극
법 위 기 휴 시 서 세 대 마 활 츠 법 그 관 재 물
즐 뺨 게 구 휴 농 캠 마 다 동 심 게 시 농 즐 관
게 도 구 즐 즐 공 활 진 캠 시 기 후 에 포 너 지
수 여 관 재 수 즐 진 캠 서 예 임 환 임 여 데 진
뺨 하 가 렵 다 법 림 킹 미 마 수 경 물 캠 이 도
휴 그 뺨 기 포 그 가 독 래 동 기 원 캠 터 술
츠 투 지 금 개 원 투 츠 예 기 환 마 원 핑 관 뺨
츠 동 투 캠 발 수 포 진 스 가 츠 심 퍼 관 다 츠 서
기 뺨 원 입 정 이 여 농 즐 렵 림 게 편 다 식 심
즐 춤 심 법 식 부 구 기 퍼 하 구 게 농 식 자
야 휴 진 게 즐 산 업 임 사 진 원 온 과 학 농
술 독 낚 즐 즐 즐 식 편 술 게 원 예 도 재 결 물
예 술 휴 서 시 그 핑 렵 주 의 가 스 변 낚 킹 야
법 식 렵 휴 휴 킹 여 야 편 춤 시 여 다 경 관 야

주의   기후
북극   환경
위기   지금
에너지   개발
가스   정부
데이터   온도
세대   미래
결과   변경
산업   과학자
국제   입법

3 - Keuken

```
냉 투 원 사 시 관 포 활 예 진 술 림 다 동 마 독
장 농 춤 투 츠 진 냅 활 독 뿜 이 국 자 도 가 투
고 주 전 자 오 븐 킨 이 게 관 여 휴 도 원 원 사
동 봉 수 렵 항 권 츠 게 술 림 젓 가 락 투 예 편
냉 캠 독 투 아 다 다 가 공 임 원 예 칼 뿜 예 야
그 릇 야 독 리 구 게 공 스 원 권 술 이 예 공 봉
술 농 독 재 도 도 수 물 렵 림 심 레 시 가 하 하
도 포 다 봉 즐 임 여 캠 핑 심 편 원 킹 피 가 가
봉 편 스 편 지 스 낚 관 춤 편 낚 공 마 재 뿜 야
스 투 춤 뿜 봉 뿜 그 원 스 가 편 향 림 춤 공 독
림 여 숟 독 시 공 도 예 원 신 컵 공 림 진 재 진
하 음 식 가 편 이 구 림 뿜 핑 료 뿜 츠 진 시 법
캠 그 심 그 락 권 술 게 퍼 하 다 림 포 시 술 마
원 릴 츠 활 원 술 마 다 앞 퍼 투 물 크 시 다 구
활 마 봉 림 봉 공 츠 도 치 시 사 포 진 시 술 휴
캠 활 물 관 편 수 캠 사 게 마 투 사 투 하 휴 핑
```

단어 목록

젓가락	레시피
그릴	앞치마
냉장고	냅킨
그릇	향신료
주전자	스펀지
숟가락	음식
오븐	포크
국자	냉동고
항아리	

4 - Boten

물 핑 이 스 츠 하 요 트 구 명 정 퍼 관 법 관 춤
구 술 술 게 임 재 공 수 퍼 원 서 스 농 휴 핑 다
휴 봉 파 서 심 농 활 가 다 다 마 낚 술 농 하 여
야 임 도 활 하 술 식 다 스 마 도 게 야 서 서 원
호 관 도 재 하 농 림 봉 그 누 카 해 예 구 기 여
수 게 서 술 엔 마 심 심 식 진 약 상 여 스 여 렵
게 휴 원 야 진 츠 포 봉 킹 원 휴 공 도 활 뻠 바
강 구 닻 도 원 재 뗏 심 가 공 재 스 게 수 독 다
독 봉 사 야 퍼 물 술 목 킹 밧 줄 핑 낚 렵 구 도
공 관 도 봉 관 여 진 법 즐 서 동 츠 식 여 예 진
다 도 투 사 즐 츠 공 다 구 관 도 즐 부 표 마 법
시 림 낚 예 편 킹 즐 휴 킹 임 즐 킹 투 시 재 구
나 릇 배 대 양 승 무 원 수 수 법 수 춤 포 시 이
임 하 임 도 돛 야 범 선 활 관 구 캠 시 관 포 렵
진 임 즐 재 킹 수 뻠 낚 활 그 낚 게 관 원 식 스
권 낚 술 다 퍼 권 포 게 게 재 휴 농 수 기 공 스

승무원
부표
파도
요트
카약
카누
돛대
호수
엔진

해상
대양
구명정
밧줄
나룻배
뗏목
바다
범선

5 - Chocolade

```
술 편 재 여 즐 츠 가 공 레 마 퍼 달 퍼 독 휴 휴
춤 동 렵 이 도 심 츠 루 시 서 농 콤 봉 진 춤 술
퍼 술 공 서 포 포 츠 공 피 수 핑 한 관 츠 이 동
투 수 권 사 봉 품 진 가 포 봉 동 예 심 킹 낚 캐
사 탕 법 즐 술 질 게 킹 핑 게 마 관 맛 있 는 러
권 설 맛 스 츠 츠 술 스 투 다 편 봉 렵 야 심 멜
다 심 재 림 공 봉 봉 예 술 물 그 독 술 로 리 캠
기 물 춤 그 게 스 물 투 다 림 권 독 츠 활 포 캠
퍼 카 카 오 진 권 이 춤 독 임 사 휴 권 심 독 원
수 심 킹 낚 활 게 법 스 코 야 진 법 편 쓴 땅 편
좋 아 하 는 다 봉 포 포 코 하 봉 투 핑 농 포 콩
진 사 여 구 임 서 봉 하 넛 편 휴 독 퍼 시 기 그
포 봉 킹 게 재 다 편 포 독 서 사 림 야 퍼 진 휴
시 심 법 독 휴 그 이 킹 도 핑 수 이 국 적 인 도
성 퍼 독 수 기 장 게 킹 사 다 뿜 포 춤 츠 낚 그
휴 분 낚 봉 낚 인 갈 망 구 진 스 활 항 산 화 제
```

항산화제	코코넛
장인	품질
카카오	땅콩
칼로리	가루
이국적인	레시피
좋아하는	사탕
맛있는	설탕
성분	갈망
캐러멜	달콤한

6 - Gezondheid en Welzijn #2

활	봉	병	원	시	감	염	투	봉	낚	구	스	하	재	게	킹
퍼	다	질	술	뺌	하	마	몸	예	활	물	츠	트	권	물	동
심	동	춤	서	스	재	렵	투	게	다	동	권	도	레	활	사
봉	건	소	화	다	휴	사	관	하	진	알	레	르	기	스	물
렵	무	강	활	공	투	낚	시	에	너	지	사	마	이	법	캠
렵	게	낚	한	진	식	동	시	편	다	포	렵	물	다	진	즐
시	가	즐	시	위	여	예	그	도	휴	봉	진	재	독	독	봉
시	재	농	여	회	생	칼	투	술	구	편	기	재	재	수	사
마	구	춤	여	복	식	로	킹	농	피	가	여	다	스	편	마
하	사	식	시	유	원	리	영	양	여	독	낚	퍼	림	법	마
술	도	하	핑	전	캠	사	퍼	식	공	림	스	비	퍼	공	활
사	식	수	서	학	재	도	캠	여	수	가	뺌	타	물	법	킹
술	임	포	렵	기	권	낚	임	퍼	사	사	림	민	춤	해	부
뺌	관	즐	림	예	핑	임	핑	농	스	권	식	편	여	공	휴
식	편	술	츠	렵	춤	야	서	가	동	낚	포	낚	예	농	킹
다	이	어	트	게	권	심	예	기	농	법	심	킹	원	퍼	심

알레르기	위생
해부	감염
칼로리	마사지
다이어트	소화
에너지	스트레스
유전학	비타민
무게	영양
건강한	병원
회복	질병

7 - Tijd

핑	마	진	어	즐	포	낚	십	년	게	도	스	물	시	권	킹
퍼	게	도	시	제	츠	휴	야	게	재	도	투	동	공	하	활
마	원	서	게	춤	동	가	원	임	캠	도	공	퍼	여	스	즐
가	투	권	스	서	진	수	마	여	포	사	하	사	기	쁨	서
야	게	진	후	진	서	다	봉	하	낚	권	시	포	공	식	술
게	서	투	심	가	핑	낚	물	하	구	농	게	계	서	이	기
게	스	술	사	관	원	물	야	임	권	년	마	춤	퍼	쁨	재
휴	시	휴	포	기	퍼	킹	동	춤	진	늘	그	물	권	즐	퍼
법	원	법	쁨	권	예	원	서	사	정	오	관	휴	포	서	편
투	구	마	재	가	낚	서	물	츠	쁨	권	구	연	봉	여	스
미	래	봉	봉	마	시	림	편	하	기	동	독	퍼	간	지	금
가	여	렵	주	가	츠	스	진	분	진	낚	퍼	캠	시	일	찍
쁨	물	법	권	도	관	야	즐	캠	킹	식	야	일	월	진	림
원	쁨	춤	활	독	이	여	도	봉	퍼	하	예	심	식	공	킹
임	킹	춤	아	식	춤	핑	기	렵	야	달	력	세	휴	렵	림
쁨	관	서	침	림	휴	농	기	낚	편	밤	진	여	기	심	림

십년
세기
어제
연간
달력
시계
정오

지금
아침
미래
시간
오늘
일찍

8 - Meditatie

```
자 세 시 렵 즐 동 술 기 즐 림 공 농 감 관 공 수
뻠 기 물 낚 서 게 음 예 편 춤 임 림 사 예 편 사
퍼 평 독 포 서 진 식 악 렵 렵 농 낚 권 렵 심 독
찰 화 도 사 봉 이 림 하 시 림 츠 공 진 심 이 도
관 캠 공 공 농 낚 게 활 츠 하 시 재 관 투 낚 즐
이 점 마 수 식 츠 사 렵 서 사 친 절 하 법 즐 게
예 스 서 락 춤 다 관 하 이 재 캠 서 휴 공 서 임
공 술 마 게 이 구 진 술 봉 재 다 즐 정 깨 어 포
사 활 다 구 동 생 각 그 캠 재 공 신 깨 킹 즐 다
선 명 도 구 원 재 활 휴 독 공 술 재 식 시 수 츠
킹 주 임 원 예 수 자 연 하 관 마 다 핑 행 복 식
공 의 재 시 진 림 독 임 술 연 민 투 행 퍼 식 렵
운 동 스 봉 투 하 기 독 농 도 도 공 즐 임 캠 편
서 법 술 시 활 포 캠 물 원 기 농 농 동 이 공 도
하 사 하 호 구 침 감 정 이 마 이 예 야 이 예 예
원 기 편 흡 공 사 묵 춤 스 시 술 편 구 예 이 관
```

주의	연민
수락	정신
호흡	음악
운동	자연
감사	관찰
감정	관점
생각	심묵
행복	평화
선명도	친절
자세	깨어

9 - Muziek

스	투	야	시	적	리	츠	심	오	활	예	게	수	투	퍼	뿜
도	동	서	포	다	듬	즐	관	페	활	농	서	심	사	원	활
가	시	독	농	재	절	사	식	라	심	뿜	농	뿜	도	구	임
다	사	임	관	원	가	충	이	봉	활	편	조	포	츠	즐	하
노	래	음	녹	그	도	진	주	가	술	관	화	법	농	가	사
시	하	악	야	즐	관	재	게	의	구	재	뮤	공	앨	악	기
합	창	가	동	마	마	동	낚	식	독	즐	지	낚	범	하	도
구	서	마	스	그	렵	낚	가	법	독	핑	컬	농	봉	낚	다
진	진	편	게	임	농	도	그	임	고	전	동	진	림	킹	포
서	정	적	퍼	스	휴	게	킹	가	수	하	그	심	포	스	물
동	편	원	편	권	진	즐	포	낚	낚	예	즉	하	민	권	속
캠	춤	스	시	마	하	봉	투	재	포	기	흥	츠	츠	요	도
킹	서	마	구	이	물	시	서	진	식	게	적	마	스	예	하
물	구	독	공	크	퍼	그	림	재	낚	디	으	낚	물	관	공
캠	츠	퍼	시	재	심	그	뿜	츠	시	권	로	서	투	심	퍼
시	포	뿜	다	핑	다	렵	캠	핑	독	권	킹	멜	킹	마	림

앨범
민요
절충주의
조화
즉흥적으로
악기
고전
합창
서정적
멜로디

마이크
뮤지컬
음악가
오페라
녹음
시적
리듬
속도
가수
노래

10 - Vogels

투	예	가	활	낚	야	이	게	다	수	술	공	갈	게	춤	공
야	하	관	재	서	활	시	활	농	핑	춤	여	춤	매	편	림
투	닭	사	핑	스	마	여	물	구	마	임	공	헤	론	기	식
츠	츠	술	이	쁨	춤	봉	도	활	게	원	식	작	법	원	식
예	림	농	동	사	공	재	편	관	게	핑	심	쁨	쁨	편	렵
포	그	컨	권	춤	수	심	쁨	사	활	쁨	핑	편	관	독	기
올	오	리	그	진	서	렵	야	투	가	봉	기	황	새	도	물
임	빼	펠	플	라	밍	고	핑	부	리	새	림	식	낚	거	위
편	림	미	포	심	임	림	예	물	서	농	법	동	휴	핑	렵
비	둘	기	캠	퍼	진	법	재	농	이	그	관	관	서	킹	캠
야	낚	림	스	뻐	까	마	귀	타	조	임	가	기	포	마	킹
사	투	가	이	꾸	기	투	물	여	백	핑	림	서	심	펭	림
가	앵	무	새	기	캠	투	임	공	동	여	동	가	원	권	캠
그	림	렵	참	즐	재	원	편	마	그	렵	낚	그	이	기	쁨
계	란	림	구	구	퍼	휴	킹	마	진	핑	재	원	원	가	봉
동	하	구	서	물	서	핑	술	식	즐	봉	공	임	포	게	킹

비둘기	앵무새
오리	공작
계란	펠리컨
플라밍고	펭귄
거위	헤론
뻐꾸기	타조
까마귀	부리새
갈매기	올빼미
참새	백조
황새	

11 - Universum

식 츠 하 림 편 휴 캠 투 즐 킹 가 예 심 휴 하 봉
투 캠 법 쁨 그 포 가 렵 동 서 기 동 츠 임 도 도
캠 지 게 기 다 임 포 사 쁨 반 구 서 농 구 도 사
권 점 관 게 예 스 봉 술 진 가 퍼 농 소 관 조 구
그 독 예 동 예 궤 물 임 심 캠 낚 공 행 이 디 진
공 쁨 야 농 기 농 도 위 심 농 핑 렵 성 편 악 구
망 원 경 동 편 여 경 마 림 어 둠 그 독 술 킹 이
즐 법 즐 스 여 츠 동 구 게 핑 스 임 퍼 권 즐 림
캠 활 다 다 가 적 도 렵 퍼 여 핑 동 휴 츠 여 술
편 퍼 보 이 포 투 관 임 재 마 구 축 수 렵 도
재 식 이 법 스 다 마 독 기 킹 분 재 포 진 휴
편 공 는 춤 편 진 쁨 하 은 낚 경 위 권 스 하
수 렵 원 법 여 도 렵 늘 게 수 동 사 기 문 이 캠
임 캠 가 예 서 캠 달 우 주 투 핑 기 마 학 가 쁨
동 심 휴 독 림 즐 농 스 농 법 수 평 선 자 도 권
원 낚 춤 임 물 예 법 그 여 낚 야 천 문 학 도 권

소행성	하늘
천문학	수평선
천문학자	경사
분위기	우주
궤도	경도
위도	은하
조디악	망원경
어둠	보이는
적도	지점
반구	

12 - Wiskunde

이	가	렵	이	퍼	원	관	봉	시	그	포	술	캠	편	둘	법
퍼	수	편	권	스	포	심	독	봉	활	법	핑	즐	진	레	대
물	퍼	마	낚	진	관	진	킹	예	임	예	마	시	권	이	칭
진	뿜	구	마	사	물	권	기	진	춤	마	구	재	법	하	공
시	즐	게	휴	츠	렵	편	물	핑	권	관	게	시	스	킹	뿜
편	사	구	임	렵	술	그	하	춤	가	캠	농	활	도	물	재
식	포	체	예	농	스	투	게	기	사	임	평	게	여	물	여
핑	서	방	편	평	휴	스	츠	가	하	심	킹	행	농	마	기
사	캠	정	원	행	십	직	편	다	관	학	술	낚	사	술	관
도	야	식	가	십	직	즐	편	각	다	다	공	춤	예	변	봉
핑	름	지	휴	진	수	사	기	형	낚	낚	임	권	삼	심	형
멱	지	수	산	수	여	농	각	진	킹	사	구	투	각	진	각
봉	반	분	재	예	스	킹	여	형	관	수	츠	렵	형	낚	사
하	사	수	재	관	법	진	다	가	게	하	원	춤	퍼	식	정
공	물	마	진	핑	식	원	심	시	렵	캠	하	마	술	심	이
킹	스	각	도	캠	즐	다	춤	음	량	공	임	식	봉	농	여

구체
십진수
지름
삼각형
멱지수
분수
기하학
각도
수직
둘레

평행
평행사변형
직사각형
산수
반지름
대칭
나각형
방정식
정사각형
음량

바	이	러	스	진	키	림	부	이	심	봉	농	봉	야	식	예
하	수	공	츠	즐	봉	츠	상	술	도	박	낚	법	야	투	예
호	르	몬	수	구	독	약	구	권	도	테	다	뿜	도	렵	츠
게	임	물	시	심	다	퍼	국	게	킹	리	재	휴	기	낚	활
즐	굶	하	골	절	농	편	편	의	공	아	독	술	낚	핑	야
게	주	야	권	즐	예	술	원	재	사	반	활	가	진	사	편
즐	림	낚	포	퍼	뿜	수	림	하	야	원	스	핑	활	임
퍼	임	낚	진	캠	심	이	시	예	서	법	습	게	낚	동	마
포	낚	법	예	포	마	서	원	이	동	권	관	스	가	적	술
퍼	다	즐	근	포	동	심	림	신	경	그	스	야	법	인	동
공	마	핑	육	예	공	요	법	물	낚	핑	편	관	관	공	투
휴	그	가	편	피	부	권	공	뿜	임	구	퍼	마	예	동	퍼
낚	식	진	식	농	킹	수	기	진	스	관	게	낚	낚	야	가
뿜	사	료	치	시	킹	기	그	야	여	야	춤	술	독	원	이
공	여	소	활	투	도	여	이	사	춤	공	캠	휴	그	춤	시
하	원	재	원	춤	진	가	여	게	가	가	재	즐	츠	식	즐

활동적인
약국
박테리아
치료
골절
의사
습관
굶주림
호르몬

피부
진료소
부상
휴식
반사
근육
요법
바이러스
신경

14 - Camping

```
무 나 침 반 휴 모 숲 낚 지 퍼 시 임 도 시 수 활
여 즐 마 구 낚 연 자 스 도 활 식 하 활 활 활 가
편 심 물 봉 사 야 수 모 야 이 기 포 진 구 이 쁨
법 수 동 스 임 봉 렵 휴 험 물 농 술 기 다 쁨 서
독 즐 가 법 렵 원 휴 관 이 사 이 퍼 진 예 낚 캠
쁨 수 원 원 호 수 낚 술 원 불 낚 투 식 퍼 다 물
스 시 사 하 활 낚 이 이 농 원 그 쁨 렵 재 농 관
그 쁨 즐 식 야 투 임 원 사 기 예 휴 곤 여 식 법
하 림 진 다 스 야 진 캠 야 진 산 권 충 림 구 원
핑 진 다 활 물 활 기 공 다 서 림 츠 야 퍼 공 퍼
캐 빈 공 퍼 즐 스 술 공 퍼 핑 공 휴 구 독 달 가
핑 휴 즐 투 임 춤 이 해 먹 공 수 동 휴 농 서 쁨
편 진 캠 하 수 림 원 구 구 카 누 동 물 원 이 마
예 심 마 게 동 이 가 여 공 핑 임 동 진 춤 그 진
밧 줄 활 수 퍼 즐 도 원 가 휴 동 원 춤 관 마 관
춤 마 권 퍼 진 스 쁨 텐 트 농 스 여 여 물 진 관
```

모험   지도
나무   카누
캐빈   나침반
동물   호수
해먹   자연
모자   텐트
곤충   밧줄
수렵   이야기

15 - Algebra

```
선 멱 지 수 해 봉 즐 퍼 권 기 즐 킹 봉 관 무 행
휴 형 법 변 결 도 킹 물 낚 하 하 춤 물 한 퍼 렬
즐 재 진 핑 책 서 캠 구 구 이 퍼 스 여 여 퍼 스
재 임 마 즐 관 동 문 제 진 도 투 관 투 하 퍼 핑
식 동 동 봉 가 야 활 예 술 임 진 식 심 마 독 농
핑 킹 사 가 뽐 휴 진 재 도 진 즐 술 즐 휴 식 이
원 포 법 뽐 권 래 프 퍼 편 도 식 봉 즐 술 영 하
예 진 기 도 그 킹 뽐 포 다 식 인 시 사 스 양 수
물 활 캠 봉 캠 가 구 여 봉 마 법 다 캠 공 심 편
뽐 퍼 권 수 물 여 시 재 활 킹 림 심 예 농 캠 표
독 관 렵 퍼 농 투 가 게 독 스 분 도 도 도 봉 투
단 순 화 예 수 구 구 수 게 마 식 수 물 가 재 서
봉 하 재 활 구 법 빼 기 독 야 여 도 하 즐 여 수
심 괄 퍼 시 휴 기 기 낚 예 여 구 다 뽐 여 가 이
독 그 호 방 정 식 다 임 즐 그 관 포 퍼 낚 가 츠 시
낚 여 사 술 다 스 기 공 짓 시 농 그 수 독 츠 시
```

빼기	행렬
도표	무한
멱지수	해결책
요인	문제
수식	거짓
분수	변수
그래프	단순화
괄호	방정식
선형	

16 - Activiteiten

마	여	사	킹	편	춤	활	이	공	법	다	게	게	재	봉	가
마	가	진	독	동	관	동	농	수	재	포	다	임	봉	도	스
이	동	술	농	도	투	뽐	게	물	관	독	구	마	봉	여	심
그	법	진	공	야	캠	기	권	다	술	렵	다	스	낚	술	서
게	사	식	춤	퍼	동	심	술	게	게	낚	수	그	포	도	림
다	구	림	투	관	재	게	독	도	캠	야	이	사	진	도	공
동	스	뽐	마	마	휴	마	법	낚	시	재	관	춤	수	심	심
권	림	마	예	야	캠	수	렵	관	원	도	하	게	임	농	활
즐	퍼	편	예	재	서	다	기	독	예	퍼	즐	예	동	이	독
시	진	물	핑	임	원	식	독	서	임	술	물	스	휴	마	마
휴	그	식	심	관	게	활	츠	관	봉	예	독	캠	핑	투	봉
식	핑	그	다	기	낚	즐	하	농	심	술	재	농	킹	사	공
스	마	기	다	하	가	낚	농	낚	림	이	동	수	술	휴	도
낚	공	예	여	이	도	가	핑	하	낚	사	식	권	캠	츠	그
스	임	휴	포	킹	도	심	도	시	관	시	술	임	수	구	구
다	투	이	림	이	시	휴	봉	독	편	임	독	투	공	서	퍼

활동	독서
공예	마법
관심사	재봉
편물	휴식
사진술	기쁨
게임	퍼즐
낚시	원예
수렵	기술
캠핑	여가
예술	하이킹

17 - Vormen

삼 각 형 원 타 농 다 수 이 이 스 뽐 춤 재 서 구
이 게 심 야 캠 마 구 게 임 휴 야 춤 그 원 동 봉
원 킹 하 수 관 식 사 진 렵 투 수 이 예 동 관 서
다 각 형 물 임 낚 야 춤 포 이 사 그 봉 물 편 동
포 재 동 하 실 동 심 포 마 사 그 법 봉 봉 법 핑
피 낚 술 도 구 린 호 시 관 낚 독 킹 도 춤 뽐 사
동 라 츠 식 체 림 더 킹 가 투 림 마 시 킹 동 도
뽐 법 미 게 동 즐 기 도 렵 장 킹 게 임 농 서 하
캠 포 공 드 여 권 예 관 다 스 자 뽐 입 뽐 다 게
스 임 동 야 츠 진 다 그 포 권 퍼 리 방 기 물 핑
정 이 예 봉 기 원 스 스 캠 농 독 서 체 관 독 렵
사 구 독 뽐 독 뿔 그 심 독 편 하 모 공 하 수 관
각 렵 서 측 면 독 게 구 여 가 마 캠 도 야 활 동
형 봉 프 리 즘 춤 춤 구 법 뽐 낚 도 이 야 춤 구
심 하 구 동 봉 낚 스 가 원 여 예 곡 렵 서 재 구
츠 츠 츠 기 식 즐 법 직 사 각 형 선 곡 쌍 림 그

구체
실린더
곡선
삼각형
모서리
쌍곡선
측면
원뿔

입방체
타원형
피라미드
프리즘
가장자리
직사각형
다각형
정사각형

18 - Diplomatie

도	즐	낚	심	시	캠	보	츠	법	부	정	치	스	시	시	캠
재	법	재	그	게	시	농	안	킹	도	기	술	식	재	언	퍼
그	렵	림	핑	휴	츠	대	사	관	원	구	동	공	공	윤	어
정	의	춤	기	게	권	즐	대	캠	커	뿜	휴	시	휴	리	낚
퍼	재	투	시	렵	다	동	원	여	뮤	도	심	진	민	학	마
가	법	권	휴	물	킹	봉	츠	가	니	뿜	편	핑	그	조	약
서	관	심	림	투	동	캠	마	야	티	림	술	츠	심	야	게
뿜	인	도	주	의	림	캠	서	그	공	독	편	서	이	게	편
농	이	시	공	법	공	재	원	뿜	갈	등	츠	이	예	관	그
다	술	권	렵	츠	캠	사	진	게	구	술	토	론	독	마	편
활	권	뿜	이	휴	술	예	무	고	문	임	즐	해	물	핑	외
휴	진	기	그	재	뿜	농	결	관	다	공	예	결	여	심	교
사	춤	활	렵	도	하	법	성	스	술	관	원	책	독	게	기
렵	휴	물	식	농	마	이	공	여	재	캠	사	하	퍼	렵	법
이	야	협	력	가	하	츠	술	진	식	공	사	구	임	춤	게
심	스	림	동	림	술	그	관	시	권	도	해	결	이	퍼	임

고문
대사관
대사
시민
갈등
외교
토론
윤리학
커뮤니티
정의

인도주의
무결성
해결책
정치
정부
해결
협력
언어
보안
조약

19 - Astronomie

```
츠 권 농 사 재 혜 스 여 휴 이 농 방 사 심 포 도
사 우 농 도 포 성 물 사 원 게 원 퍼 사 법 그 수
농 주 다 게 림 휴 농 구 도 공 춤 편 핑 공 하 츠
동 비 활 중 력 봉 핑 킹 편 림 지 구 술 퍼 예 식
식 행 춤 뿜 즐 하 야 임 마 그 휴 도 관 퍼 여 권
활 사 이 별 자 리 식 쁨 재 달 행 유 수 춤 심 낚
대 원 포 여 임 야 렵 춘 분 심 성 성 우 그 물 투
춤 망 원 경 성 휴 편 편 야 그 포 술 주 독 예 농
소 기 전 춤 운 술 관 편 이 스 활 수 물 기 식 여
행 로 켓 천 문 학 자 편 사 편 술 시 렵 그 독 츠
성 즐 킹 시 림 포 야 물 농 하 원 술 독 스 활 마
포 여 핑 림 법 예 위 법 법 다 야 가 심 시 춤 재
법 식 심 독 물 이 시 성 포 물 야 심 서 춤 술 구
임 포 코 스 모 스 즐 림 춤 춤 공 재 활 봉 퍼 심
시 기 포 사 다 예 독 구 마 포 야 원 진 퍼 술 투
기 쁨 서 봉 수 가 독 공 재 그 즐 포 심 투 심 구
```

지구	전망대
소행성	행성
우주 비행사	로켓
천문학자	위성
춘분	별자리
혜성	방사
코스모스	망원경
유성	우주
성운	중력

20 - Vakantie #2

```
뻠 도 츠 법 뻠 렵 여 뻠 진 서 츠 사 림 투 투 권
핑 공 독 임 킹 서 독 가 권 서 가 관 이 투 하 뻠
이 도 예 권 진 물 예 권 권 뻠 농 다 술 렵 권 포
동 이 권 심 식 사 전 구 관 림 권 춤 공 캠 이 핑
퍼 킹 핑 림 킹 캠 세 물 관 가 야 낚 식 외 진 외
관 서 예 진 식 핑 기 수 다 츠 야 하 인 국 법 활
시 휴 관 뻠 킹 호 투 여 권 야 진 뻠 퍼 의 택 시
재 뻠 심 해 변 텔 활 구 여 휴 진 뻠 공 킹 퍼 지
포 포 그 관 편 권 핑 뻠 여 시 퍼 공 독 목 적 휴
지 서 낚 다 하 예 활 물 일 트 림 봉 서 봉 식 당
도 공 바 원 수 핑 그 캠 여 원 츠 서 마 식 교 예
진 여 다 독 마 술 임 이 행 법 퍼 렵 시 활 스 통
이 편 수 수 그 야 수 예 휴 원 심 술 가 가 서 그
활 구 편 공 원 춤 구 하 사 시 가 림 포 츠 동
원 섬 즐 술 림 다 원 편 비 투 독 이 포 즈 동
다 렵 이 도 마 가 게 편 자 하 독 게 이 츠 동
```

Woordenlijst

목적지
외국인
외국의
호텔
지도
캠핑
공항
여권
여행
전세

식당
해변
택시
텐트
휴일
교통
비자
여가
바다

21 - Weersomstandigheden

게	예	봉	사	진	야	수	천	스	열	수	춤	진	원	수	농
야	휴	야	기	폭	풍	동	수	둥	대	렵	하	임	재	물	캠
퍼	춤	킹	구	물	기	서	가	동	법	물	물	법	츠	퍼	농
이	예	휴	여	휴	림	뽐	뭄	도	하	권	퍼	기	편	츠	권
츠	동	권	법	게	낚	마	토	네	이	도	편	즐	투	법	이
심	편	이	렵	마	식	관	사	핑	춤	가	킹	독	가	활	핑
캠	권	재	다	이	른	낚	진	진	편	허	분	림	수	물	식
극	선	식	즐	캠	마	게	하	원	퍼	리	위	투	술	야	하
동	재	재	관	독	임	캠	시	예	여	케	기	여	구	투	임
공	봉	홍	포	츠	식	물	번	개	인	우	기	기	이	봉	여
물	봉	마	수	게	식	사	핑	안	렵	야	독	하	관	바	게
독	렵	이	원	퍼	킹	게	무	춤	법	투	춤	물	스	얼	람
예	스	물	관	심	마	킹	지	농	구	서	스	구	편	음	독
심	예	활	원	투	휴	다	개	뽐	춤	하	늘	름	편	물	낚
뽐	투	다	원	온	도	킹	하	법	핑	수	진	투	법	공	렵
츠	츠	가	하	기	후	재	기	물	스	투	구	도	공	하	활

분위기
번개
천둥
마른
가뭄
하늘
얼음
기후
안개
우기

허리케인
홍수
극선
무지개
폭풍
온도
토네이도
열대
바람
구름

22 - Eten #2

드	쌀	사	수	즐	즐	공	수	복	숭	아	춤	권	킹	야	야
몬	사	과	도	마	퍼	퍼	핑	기	이	진	물	관	퍼	킹	스
아	스	파	라	거	스	법	츠	관	독	진	스	캠	진	림	봉
츠	림	시	식	공	서	권	이	휴	포	활	즐	기	농	뽐	관
야	그	킹	심	농	낚	닭	퍼	관	츠	도	술	여	재	원	독
브	핑	스	봉	마	독	재	도	츠	포	춤	츠	마	도	구	계
로	요	거	트	킹	공	구	농	독	수	독	이	휴	게	뽐	란
콜	뽐	토	게	게	수	낚	뽐	권	독	림	즐	낚	야	예	임
리	츠	마	하	활	즐	춤	법	사	도	휴	핑	서	즐	키	위
그	핑	토	구	활	빵	재	도	술	츠	캠	가	지	림	밀	야
법	퍼	마	구	봉	마	게	공	임	재	독	스	핑	즐	진	진
퍼	치	즈	임	림	여	춤	술	가	예	츠	파	재	림	구	핑
이	임	시	이	심	가	활	뽐	물	고	기	기	인	술	림	법
농	가	구	포	임	포	킹	시	마	농	뽐	여	예	애	휴	농
바	나	나	시	심	동	활	농	이	캠	햄	권	그	법	플	그
퍼	게	림	권	캠	술	다	농	게	예	림	하	기	권	하	서

아몬드   계란
파인애플   치즈
사과   키위
아스파라거스   복숭아
가지   토마토
바나나   물고기
브로콜리   요거트
포도

23 - Klimmen

야	시	원	포	이	포	도	동	마	술	도	심	츠	독	부	헬
수	이	시	퍼	예	구	마	굴	야	봉	전	동	림	원	츠	멧
안	킹	킹	킹	츠	동	하	재	그	이	임	술	도	하	가	렵
농	정	서	즐	시	춤	이	봉	다	기	원	다	춤	춤	이	서
활	사	성	전	문	가	킹	구	임	부	호	기	심	관	드	포
기	활	그	투	그	임	훈	련	여	봉	상	스	림	가	서	시
구	장	킹	시	낚	지	봉	독	뽐	게	림	술	캠	수	낚	독
이	갑	재	춤	심	형	다	원	임	뽐	수	심	휴	춤	권	즐
다	낚	핑	식	하	권	원	사	스	원	도	법	독	기	캠	분
사	마	뽐	심	마	낚	동	즐	낚	가	여	권	하	다	재	위
편	퍼	식	투	고	도	좁	은	게	사	법	하	캠	게	여	기
츠	투	야	이	물	법	술	힘	진	농	츠	예	휴	편	마	투
여	야	하	봉	활	투	편	동	스	지	편	휴	휴	사	뽐	츠
원	진	낚	캠	킹	캠	재	야	도	농	렵	퍼	캠	농	킹
구	수	여	원	농	뽐	다	원	게	가	편	권	핑	츠	즐	재
시	농	핑	기	마	진	심	게	구	즐	활	원	츠	퍼	이	심

분위기
전문가
가이드
동굴
장갑
헬멧
고도
지도
부츠

부상
호기심
훈련
좁은
안정성
지형
도전
하이킹

24 - Geologie

뽐	렵	간	칼	석	야	용	포	진	킹	하	녹	핑	퍼	가	핑
봉	캠	헐	슘	유	영	암	식	여	재	그	은	예	수	킹	예
원	가	천	도	종	휴	스	휴	하	렵	술	크	리	스	탈	렵
가	활	기	동	법	이	그	림	법	시	림	이	츠	낚	봉	게
낚	물	이	마	굴	킹	여	가	공	원	심	츠	진	봉	예	그
활	서	캠	공	진	재	편	원	시	원	투	진	공	츠	부	봉
도	퍼	권	법	퍼	이	다	산	스	킹	야	다	관	산	서	공
사	서	구	여	식	기	림	호	그	예	즐	그	도	원	휴	게
도	하	역	수	츠	렵	사	편	킹	게	츠	림	사	활	식	구
휴	임	진	구	캠	공	재	마	마	스	마	춤	하	투	휴	사
소	금	공	구	도	야	림	투	화	기	여	권	투	봉	시	츠
대	륙	야	퍼	관	림	뽐	관	석	권	가	독	핑	킹	휴	고
스	캠	포	하	화	낚	수	원	물	낚	지	낚	층	돌	공	원
공	렵	재	게	산	권	물	예	물	뽐	진	기	춤	공	식	여
진	술	진	가	물	기	게	활	진	봉	공	투	식	게	식	시
권	사	물	마	게	편	킹	진	원	다	캠	술	식	독	도	시

지진
칼슘
대륙
부식
화석
간헐천
녹은
동굴
산호

크리스탈
석영
용암
고원
종유석
화산
구역
소금

25 - Specerijen

핑	춤	재	회	농	그	활	독	진	마	활	소	림	퍼	킹	캠
봉	공	퍼	향	정	기	마	수	이	식	림	금	농	이	예	춤
봉	카	계	피	원	하	즐	물	원	시	동	춤	권	술	게	낚
렵	르	킹	진	뽐	권	하	게	관	커	민	술	원	림	재	게
퍼	다	아	봉	킹	림	츠	뽐	편	츠	구	렵	임	수	예	편
예	몸	활	니	퍼	시	캠	사	수	다	낚	구	다	활	구	권
식	시	활	맛	스	독	파	구	임	마	심	서	림	핑	권	관
재	킹	편	권	관	수	프	스	포	예	늘	렵	권	캠	마	마
바	닐	라	츠	퍼	스	리	춤	뽐	야	뽐	법	도	독	렵	재
편	양	파	야	포	서	카	이	도	예	예	술	동	그	동	농
달	고	진	춤	낚	봉	편	원	권	게	법	렵	구	림	진	농
콤	시	수	킹	하	임	서	진	츠	구	농	다	관	핑	츠	가
한	쓴	사	풀	심	휴	생	강	야	스	공	재	렵	캠	서	육
독	호	뽐	프	여	사	킹	야	법	권	낚	독	낚	농	두	봉
렵	로	봉	스	란	카	레	편	농	즐	임	시	편	관	구	심
활	파	봉	식	마	재	식	임	츠	물	스	그	림	하	시	림

아니스	정향
호로파	육두구
생강	파프리카
계피	사프란
카르다몸	양파
카레	바닐라
마늘	회향
커민	달콤한
고수풀	소금

26 - Groenten

```
게 관 즐 완 생 강 아 핑 서 스 서 킹 진 다 재 낚
시 이 여 두 도 예 티 호 박 공 공 물 그 림 농 법
예 토 뽐 콩 뽐 스 초 기 도 렵 사 임 게 물 재 관
오 마 휴 서 이 봉 크 춤 시 도 봉 공 다 수 편 즐
이 토 늘 당 근 임 뽐 다 포 올 야 뽐 편 시 금 치
낚 권 도 시 야 퍼 마 뽐 관 리 농 투 포 퍼 서 관
심 스 기 심 관 포 서 다 퍼 브 킹 심 농 포 즐 편
관 리 수 재 버 섯 렵 게 봉 뽐 도 농 여 즐 물 편
시 슬 활 여 식 권 츠 하 춤 임 가 이 진 편 권 편
양 파 츠 가 가 서 뽐 권 권 그 뽐 핑 킹 법 그 서
휴 독 구 즐 지 심 이 재 뽐 스 기 다 다 편 이 셀
춤 스 마 식 식 포 임 게 편 휴 동 가 가 기 관 러
샬 롯 사 여 편 킹 법 심 법 림 진 시 춤 낚 식 리
브 로 콜 리 동 츠 휴 샐 퍼 법 뽐 사 봉 그 그 식
즐 마 법 하 낚 뽐 구 재 러 춤 이 편 낚 그 퍼 야
야 기 원 구 림 술 즐 무 순 드 물 낚 그 다 관 권
```

아티초크	호박
가지	순무
브로콜리	샐러드
완두콩	셀러리
생강	샬롯
마늘	시금치
오이	도마토
올리브	양파
버섯	당근
파슬리	

27 - Archeologie

게	쁨	쁨	농	임	퍼	술	식	권	가	식	게	공	춤	렵	봉
사	서	임	이	휴	캠	무	기	구	식	식	임	예	즐	봉	전
도	기	하	춤	재	다	덤	사	심	식	편	수	츠	다	명	문
활	마	기	시	농	원	마	가	식	다	퍼	츠	물	림	춤	가
동	서	낚	물	물	법	도	공	임	퍼	편	공	휴	투	캠	평
투	사	렵	이	서	뼈	다	서	술	편	독	술	그	스	진	하
수	편	원	관	동	도	하	고	마	가	낚	농	연	절	심	사
림	마	예	휴	마	활	비	대	사	법	도	스	구	술	캠	다
렵	농	휴	야	법	신	킹	기	법	낚	사	독	원	가	술	활
독	그	농	봉	사	재	춤	춤	렵	킹	농	권	예	물	스	수
휴	낚	술	교	물	유	쁨	수	춤	농	진	예	진	심	도	식
임	편	잊	수	사	하	구	도	캠	독	렵	야	동	물	여	포
동	팀	혀	법	재	재	시	여	킹	술	예	심	포	분	이	투
식	술	진	하	게	사	핑	봉	킹	손	야	츠	다	즐	석	시
관	법	술	춤	봉	림	시	포	농	시	심	재	킹	술	화	쁨
여	기	마	킹	사	기	공	법	도	수	춤	기	심	시	대	쁨

도기	후손
분석	사물
문명	연구원
전문가	고대
평가	교수
화석	유물
무덤	시대
신비	잊혀진

28 - Mythologie

임 독 재 신 공 편 다 춤 복 도 공 낚 춤 재 휴 행
물 포 해 야 념 미 궁 킹 수 심 서 원 포 예 다 동
츠 기 공 번 기 게 재 쁨 기 게 게 도 구 사 동 춤
가 질 투 개 야 여 재 원 구 관 그 캠 원 가 츠 농
이 영 춤 하 낚 게 원 이 마 킹 렵 권 킹 핑 그 핑
진 웅 퍼 법 물 포 이 힘 스 재 낚 핑 츠 낚 마 법
도 심 수 농 가 수 캠 구 독 낚 게 수 법 여 문 예
마 여 식 관 편 투 관 편 활 츠 심 쁨 여 휴 화 이
렵 낚 수 물 임 투 마 기 관 게 야 도 도 천 봉 독
쁨 식 서 원 형 창 이 법 하 도 독 여 국 도 전 관
괴 즐 천 구 농 조 기 농 의 설 서 수 기 봉 하 사
다 물 둥 야 핑 권 림 야 예 식 법 관 법 전 가 불
야 생 공 렵 예 퍼 동 시 마 원 임 독 심 하 쁨 수
독 물 관 이 낚 낚 농 물 이 식 식 독 법 가 야 독
그 림 식 핑 재 식 진 마 원 즐 이 공 야 킹 봉
사 킹 낚 쁨 사 츠 렵 춤 즐 물 포 림 편 야 킹 봉

원형
번개
창조
문화
천둥
미궁
행동
영웅
천국
질투

전사
전설
마법의
괴물
불사
신념
재해
생물
복수

29 - Eten #1

임 물 진 활 게 독 공 투 주 재 투 농 이 동 가 법
그 공 낚 즐 구 동 포 원 스 법 활 퍼 바 질 마 즐
예 심 포 독 렵 도 활 게 사 술 술 당 임 봉 농
고 양 파 하 휴 포 임 배 공 투 농 포 근 편 낚 공 포
딸 기 땅 콩 사 심 게 캠 활 그 게 물 포 심 임
권 기 권 샐 러 드 여 수 렵 서 림 도 퍼 보 즐 게
농 투 재 춤 편 심 서 시 마 그 편 법 리 진 기
다 춤 사 핑 사 식 투 그 춤 법 이 야 탕 공
츠 도 낚 시 물 임 하 포 공 봉 서 퍼 스 설 스 독
즐 물 원 스 수 수 시 계 수 가 야 원 관 식 하
임 춤 서 도 우 프 술 피 편 림 편 킹 가 낚 재 츠
그 권 진 캠 킹 유 독 편 스 여 동 봉 이 심 공 관
사 이 권 도 심 활 술 투 도 뿜 핑 사 춤 원 예 식
퍼 림 수 식 그 도 포 권 레 몬 퍼 심 편 식 농
재 게 기 시 동 시 금 치 동 법 도 관 츠 농 투
사 원 이 이 림 수 소 참 살 구 원 춤 서 핑 동 스

딸기	주스
살구	수프
바질	시금치
레몬	설탕
보리	참치
계피	양파
마늘	고기
우유	당근
땅콩	소금
샐러드	

30 - Avontuur

렵	진	서	심	즐	관	독	활	퍼	재	서	공	독	휴	소	관
그	공	이	심	기	림	예	동	낚	시	예	퍼	목	야	스	풍
공	가	캠	재	킹	렵	위	험	한	친	사	공	적	항	수	스
예	준	서	포	포	공	핑	독	기	구	관	렵	지	해	놀	가
예	비	특	시	사	재	봉	진	다	시	심	술	독	봉	라	법
림	시	이	서	권	봉	관	수	원	임	킹	시	퍼	식	운	자
독	투	한	도	여	가	킹	열	그	렵	동	이	기	활	로	연
가	휴	편	권	권	게	심	광	농	수	하	농	어	수	새	식
봉	활	동	원	야	야	게	공	동	야	활	도	려	구	공	사
하	낚	그	야	도	농	수	술	야	이	하	도	움	다	름	아
봉	서	물	편	캠	식	즐	퍼	킹	마	예	춤	사	편	야	여
포	도	편	츠	동	용	핑	기	투	퍼	춤	서	캠	임	포	가
심	전	공	권	술	감	재	사	뽐	심	림	여	투	킹	게	여
예	안	휴	핑	심	여	퍼	캠	포	식	일	정	여	편	임	동
포	핑	킹	즐	다	그	기	포	낚	구	관	춤	그	기	동	마
야	심	여	그	스	진	츠	회	구	도	수	림	그	재	뽐	기

활동
목적지
열광
소풍
위험한
기회
용감
어려움
자연
항해

새로운
특이한
일정
아름다움
도전
안전
놀라운
준비
기쁨
친구

31 - Restaurant #2

캠	편	포	킹	술	재	원	시	퍼	활	하	진	킹	시	진	과
여	게	즐	다	수	관	하	공	여	킹	킹	기	구	공	포	일
이	공	투	권	이	게	심	시	관	활	봉	공	가	물	게	시
관	독	활	하	원	게	스	휴	독	재	킹	관	활	킹	낚	저
수	핑	봉	서	공	기	관	야	관	핑	숲	활	수	다	법	녁
임	식	퍼	하	공	농	농	구	포	술	핑	가	이	게	원	식
샐	러	드	금	마	구	동	시	핑	포	여	의	락	음	얼	사
핑	즐	채	소	서	핑	그	다	봉	수	기	자	게	료	점	임
야	포	임	여	동	물	기	예	야	국	프	관	임	신	심	편
게	시	퍼	포	편	고	예	관	여	캠	봉	원	춤	향	캠	춤
도	권	게	림	권	기	예	하	쁨	관	낚	물	투	식	가	하
농	킹	독	술	캠	포	가	캠	게	공	야	물	춤	낚	편	기
독	낚	수	농	퍼	야	킹	맛	있	는	편	예	낚	림	스	전
가	사	물	렵	야	게	예	마	그	법	활	킹	웨	진	구	채
다	물	캠	퍼	예	가	권	법	서	봉	물	그	이	케	진	권
동	물	다	하	가	야	하	퍼	그	봉	퍼	그	포	그	터	권

케이크 웨이터
저녁 식사 샐러드
음료 수프
과일 향신료
채소 의자
맛있는 물고기
얼음 전채
숟가락 포크
점심 소금
국수

32 - De Media

마	예	원	교	원	자	회	권	낚	편	그	심	춤	투	그	포
임	춤	개	인	육	금	로	예	림	퍼	구	재	림	캠	봉	림
즐	산	업	야	츠	조	망	다	법	낚	식	림	법	활	수	심
디	그	낚	야	통	달	사	재	렵	휴	포	편	수	퍼	핑	게
지	진	기	임	춤	신	기	서	여	이	즐	그	캠	이	편	활
털	게	심	사	활	포	야	휴	그	심	재	가	다	임	이	투
잡	춤	관	게	봉	식	농	그	광	의	그	사	구	하	츠	도
지	츠	기	스	공	관	수	법	고	견	여	활	수	낚	스	물
텔	레	비	전	캠	임	물	뽐	기	가	낚	수	그	시	포	가
인	라	온	퍼	도	퍼	포	다	도	림	동	퍼	즐	식	권	태
관	디	기	야	휴	마	공	동	심	뽐	킹	야	킹	도	휴	도
판	오	하	식	즐	사	식	킹	편	다	기	독	원	포	기	활
임	원	신	문	춤	실	재	렵	물	가	이	활	술	사	봉	사
춤	물	포	렵	게	관	휴	원	스	재	수	야	공	관	수	투
로	서	구	기	야	야	지	적	인	공	봉	춤	공	가	법	법
컬	포	술	여	하	낚	이	권	구	이	법	재	의	렵	캠	가

광고
통신
디지털
사실
자금 조달
태도
개인
산업
지적인
신문

로컬
의견
회로망
교육
온라인
공공의
라디오
텔레비전
잡지

33 - Bijen

하	이	브	수	원	츠	춤	유	이	공	술	식	술	계	태	생
연	기	날	개	분	화	핑	익	진	투	투	사	즐	츠	양	예
원	게	임	공	춤	매	활	한	원	봉	스	휴	다	마	수	림
식	예	시	임	봉	편	개	재	야	권	재	심	독	시	식	마
퍼	진	관	권	투	시	포	자	휴	그	예	임	기	렵	물	심
기	하	하	마	스	포	재	시	츠	편	킹	관	하	꽃	물	휴
물	과	스	여	이	낚	춤	술	그	관	관	구	관	기	예	진
재	일	편	편	정	그	낚	공	편	즐	권	퍼	츠	사	가	마
쁨	스	림	이	원	봉	퍼	심	춤	캠	이	밀	랍	임	활	독
구	공	농	가	춤	핑	이	기	야	농	독	이	술	활	춤	법
기	이	휴	공	캠	서	그	꿀	수	핑	스	물	시	쁨	심	떼
공	수	낚	편	마	그	동	낚	독	렵	시	츠	식	야	포	활
시	쁨	임	기	서	식	지	편	활	다	양	성	가	퀸	츠	퍼
낚	림	진	사	킹	음	술	예	다	가	봉	심	곤	충	예	식
낚	마	진	마	물	림	사	권	낚	투	퍼	여	캠	기	봉	물
권	활	투	공	스	이	식	수	다	편	식	사	서	도	츠	하

수분 매개자
하이브
다양성
생태계
과일
서식지
곤충
식물

연기
화분
정원
날개
음식
유익한
밀랍
태양

34 - Wandelen

포	물	농	심	야	킹	핑	서	피	곤	한	농	농	관	예	농
이	낚	구	도	퍼	춤	야	밋	서	농	이	돌	가	투	다	춤
활	사	퍼	낚	법	위	이	수	구	도	권	활	가	렵	예	원
태	양	렵	수	구	험	부	캠	여	편	림	휴	스	서	동	렵
핑	원	림	권	투	사	츠	서	이	퍼	하	식	포	봉	술	관
핑	권	도	낚	재	식	여	진	권	진	농	마	독	편	퍼	스
물	가	권	준	원	뿜	법	다	동	지	러	떠	낭	핑	술	그
정	위	진	비	핑	림	핑	임	야	도	츠	캠	마	재	휴	렵
임	진	술	퍼	술	관	캠	구	동	생	포	자	활	편	수	뿜
츠	렵	서	그	투	캠	도	낚	농	야	마	연	심	법	즐	림
뿜	농	츠	도	캠	야	하	관	다	구	기	다	낚	진	다	포
뿜	원	서	렵	마	수	권	뿜	독	물	캠	뿜	독	춤	게	수
렵	원	관	무	구	공	원	공	렵	편	도	마	독	서	기	심
캠	구	진	거	권	킹	포	춤	재	도	춤	수	다	캠	동	물
물	게	서	운	농	포	독	재	뿜	농	모	기	게	핑	물	여
킹	캠	핑	봉	뿜	포	재	술	킹	가	기	후	뿜	법	산	여

동물	자연
위험	정위
지도	공원
캠핑	서밋
낭떠러지	준비
기후	야생
부츠	태양
피곤한	무거운
모기	

35 - Ecologie

종	하	동	다	양	성	글	투	권	식	기	서	핑	스	림	이
동	임	공	심	스	라	로	플	퍼	사	다	기	구	구	독	편
즐	관	재	즐	하	물	벌	렵	츠	투	임	투	여	관	캠	낚
퍼	식	봉	식	물	포	식	이	자	연	권	가	마	포	뿜	봉
식	예	렵	킹	법	기	원	사	포	동	재	심	게	사	캠	활
춤	농	여	술	임	후	수	포	예	춤	하	진	구	도	포	시
휴	진	즐	핑	시	예	술	춤	스	자	봉	식	초	봉	서	활
관	임	편	독	하	재	림	캠	임	사	연	여	목	농	다	시
산	캠	권	수	수	다	스	캠	재	법	렵	스	습	지	식	서
츠	야	그	재	기	봉	여	마	공	예	식	동	러	낚	종	시
봉	핑	기	독	관	이	생	진	하	군	공	사	예	운	류	야
여	물	한	스	야	투	진	존	식	물	독	핑	포	관	임	재
사	사	능	권	투	재	야	편	활	동	재	공	마	구	게	수
사	원	가	휴	진	식	공	퍼	휴	렵	동	즐	임	공	시	수
도	렵	속	품	물	포	포	이	권	수	기	여	임	다	도	도
선	박	지	수	권	구	즐	기	낚	여	커	뮤	니	티	수	원

다양성
가뭄
지속 가능한
동물군
플로라
커뮤니티
글로벌
서식지
기후

선박
습지
자연
자연스러운
생존
식물
종류
초목

36 - Filantropie

```
핑 렵 룹 활 봉 캠 예 춤 진 글 로 벌 그 핑 도 원
프 로 그 램 포 공 물 임 법 권 즐 투 연 락 처 독
림 임 투 활 예 렵 낚 포 관 이 예 술 캠 역 뿜 심
야 휴 도 캠 관 기 마 봉 커 공 편 투 핑 도 사 관
낚 재 캠 편 스 렵 수 가 뮤 공 공 캠 봉 전 권 식
다 휴 낚 식 다 기 재 여 니 관 캠 의 렵 식 츠 기
진 도 핑 편 자 법 동 동 티 대 투 다 캠 수 츠 이
하 서 춤 하 스 선 권 춤 이 심 츠 수 동 물 렵 하
야 예 물 하 림 시 휴 사 임 편 즐 마 재 농 재 다
독 포 구 즐 관 핑 자 명 킹 식 마 스 서 렵 게 임
청 사 람 들 서 심 금 정 직 핑 즐 휴 핑 야 술 핑
소 킹 예 마 가 서 림 수 낚 게 마 심 어 낚 가 공
년 식 투 게 진 수 농 편 스 스 그 활 린 즐 킹 편
도 금 융 낚 독 예 도 식 술 림 츠 진 이 진 게 시
목 표 퍼 마 포 봉 캠 원 원 인 킹 서 그 가 그 즐
뿜 여 하 권 여 동 하 야 핑 류 캠 재 이 핑 서 법
```

연락처	어린이
목표	자선
정직	사람들
금융	인류
자금	사명
커뮤니티	프로그램
역사	공공의
글로벌	도전
그룹	관대
청소년	

37 - Biologie

염	기	예	춤	예	낚	독	효	시	물	핑	즐	기	시	권	마
심	색	여	캠	투	봉	그	사	소	뽐	심	가	츠	냅	봉	농
삼	투	체	포	임	서	투	콜	호	흡	츠	림	게	스	신	재
식	권	서	퍼	츠	봉	법	심	라	다	핑	동	스	사	경	관
도	편	사	서	봉	식	원	술	겐	하	킹	임	츠	투	독
예	스	핑	휴	서	기	마	수	킹	권	휴	츠	원	심	공	생
편	포	투	법	여	공	킹	그	공	이	권	활	마	렵	물	관
기	농	자	연	스	러	운	림	즐	야	원	권	도	퍼	휴	진
도	예	재	법	배	아	관	법	츠	시	편	수	독	사	포	사
그	즐	식	재	서	예	낚	야	농	킹	봉	킹	림	가	낚	야
포	유	류	야	포	독	그	게	물	렵	호	르	몬	휴	진	셀
가	뽐	춤	활	동	구	법	서	이	렵	단	림	시	킹	권	뽐
진	화	사	게	낚	여	서	핑	돌	뉴	백	권	관	활	해	부
그	물	츠	즐	킹	시	도	광	연	런	질	수	동	시	임	물
활	츠	구	심	하	진	이	합	변	공	진	독	림	야	캠	공
다	이	츠	동	파	충	류	성	이	법	법	이	공	여	진	캠

호흡	돌연변이
해부	자연스러운
염색체	뉴런
콜라겐	삼투
단백질	파충류
배아	공생
효소	시냅스
진화	신경
광합성	포유류
호르몬	

38 - Landen #1

퍼	도	법	포	심	림	가	권	시	낚	그	술	휴	진	수	마
재	투	편	포	이	집	트	핑	구	렵	캠	츠	가	츠	식	즐
질	킹	예	춤	이	림	관	사	봉	사	킹	관	봉	렵	심	게
라	트	비	아	니	마	루	물	활	술	법	춤	봉	독	동	림
브	폴	하	킹	휴	서	가	투	야	독	독	하	츠	핑	심	수
낚	임	란	구	즐	관	뽐	캠	동	서	모	마	춤	진	포	야
수	술	야	드	진	도	진	활	하	술	로	즐	수	물	편	퍼
예	핑	법	춤	캠	즐	편	이	킹	원	코	공	렵	관	마	원
림	임	진	야	예	캐	인	페	스	활	심	도	심	하	다	봉
수	구	술	게	렵	나	농	임	심	라	농	벨	뽐	다	활	법
파	나	마	낚	물	다	활	관	독	일	엘	휴	기	원	독	핑
휴	즐	심	세	네	갈	캄	보	디	아	리	탈	이	에	도	편
칠	레	노	르	웨	이	수	편	이	리	활	즐	하	춤	원	렵
법	독	동	식	사	공	공	크	수	비	구	원	진	관	농	그
관	서	기	활	하	니	카	라	과	아	서	진	임	임	공	구
술	봉	예	구	투	독	포	이	하	스	농	킹	수	다	포	림

벨기에	라트비아
브라질	리비아
캄보디아	모로코
캐나다	니카라과
칠레	노르웨이
독일	파나마
이집트	폴란드
이라크	루마니아
이스라엘	세네갈
이탈리아	스페인

39 - Installaties

관	식	플	부	휴	림	하	임	퍼	농	관	사	임	그	성	기
사	동	로	시	꽃	콩	게	림	물	진	가	물	재	독	장	기
캠	농	라	시	여	물	림	도	투	봉	게	시	이	투	하	심
즐	야	임	서	여	야	동	그	숲	편	잔	디	즐	임	다	야
술	권	이	줄	기	농	이	끼	기	림	캠	공	마	수	동	게
여	봉	킹	원	서	편	임	서	원	나	시	식	즐	하	서	대
수	스	진	마	가	마	임	림	권	춤	무	퍼	야	림	뿌	나
기	임	포	츠	렵	포	식	동	하	뽐	림	재	봉	활	리	무
물	마	뽐	사	낚	진	물	퍼	베	구	임	임	법	활	스	법
투	구	포	낚	진	포	학	포	술	리	가	심	킹	사	포	임
아	여	즐	선	하	봉	독	여	캠	서	구	다	핑	게	뽐	시
심	이	활	인	킹	포	마	수	비	료	정	캠	렵	봉	사	서
권	낚	비	장	스	동	원	예	휴	휴	원	편	물	그	투	법
킹	관	여	임	활	킹	낚	마	기	시	임	여	핑	물	구	포
낚	예	츠	포	휴	킹	게	독	뽐	물	수	재	게	킹	투	술
동	초	목	진	그	춤	포	잎	스	렵	가	임	즐	킹	투	술

대나무	비료
베리	이끼
나무	식물학
선인장	줄기
플로라	부시
잔디	정원
성장하다	초목
아이비	뿌리

40 - Agronomie

법 춤 투 봉 지 동 낚 하 포 게 핑 동 권 구 법 투
농 캠 식 채 소 속 렵 연 여 원 시 이 진 킹 하 캠
마 법 독 구 가 킹 가 구 킹 가 즐 스 서 동 편 춤
포 여 도 즐 시 스 템 능 봉 투 다 재 재 휴 츠 츠
츠 츠 렵 츠 심 마 휴 공 한 휴 수 가 춤 그 시 물
진 동 이 예 질 수 서 구 킹 음 식 부 심 서 시 야
가 에 너 지 병 이 캠 서 휴 권 캠 술 편 물 춤 스
편 임 하 이 사 법 비 농 투 유 농 춤 낚 관 권 마
퍼 편 공 투 림 가 료 촌 술 즐 기 가 동 물 도 활
진 학 과 법 예 농 게 춤 야 물 퍼 농 예 여 술 야
포 태 휴 원 휴 킹 농 도 임 핑 법 농 기 포 투 법
춤 생 산 성 장 권 게 봉 게 사 농 물 스 게 투 임
핑 캠 다 수 씨 퍼 농 오 염 렵 즐 기 츠 편 휴 독
법 환 경 다 앗 재 마 업 활 시 이 관 낚 렵 킹 서
야 쁨 사 가 농 킹 사 그 렵 즐 동 낚 도 시 원 이
춤 수 퍼 독 게 가 하 게 술 사 편 쁨 구 술 캠 독

지속 가능한	연구
생태학	유기농
에너지	생산
부식	시스템
성장	오염
채소	음식
농업	과학
농촌	씨앗
비료	질병
환경	

41 - Oceaan

휴	여	쁨	식	공	원	스	편	활	구	즐	법	야	하	포	동
이	하	츠	식	퍼	야	조	수	권	낚	가	편	관	렵	구	포
상	어	장	소	림	술	동	수	시	사	핑	림	캠	진	임	임
산	재	쁨	금	임	예	렵	편	임	예	물	재	킹	관	마	츠
마	호	여	하	독	야	여	마	낚	수	도	마	림	도	편	권	재
서	게	하	법	편	예	킹	권	관	핑	농	거	폭	공	배	기
사	식	킹	쁨	스	수	야	진	이	수	독	북	풍	휴	독	게
기	킹	춤	술	식	렵	봉	춤	서	진	동	이	포	핑	휴	휴
돌	고	래	법	야	문	기	권	렵	조	류	해	파	리	독	가
굴	림	물	재	포	휴	어	식	그	렵	편	츠	림	식	독	림
다	재	고	새	식	킹	진	수	쁨	퍼	시	하	봉	휴	게	식
퍼	핑	래	우	심	스	펀	지	독	식	사	다	츠	휴	관	동
활	림	원	봉	이	독	여	핑	관	하	임	서	공	수	렵	재
핑	도	관	암	초	마	참	치	동	활	시	츠	하	캠	낚	킹
관	독	기	임	편	다	이	활	핑	포	관	가	봉	휴	관	원
물	렵	원	심	사	관	농	식	관	포	휴	활	심	심	법	원

장어	암초
조류	거북이
돌고래	스펀지
새우	폭풍
조수	참치
상어	물고기
산호	고래
해파리	소금
문어	

42 - Landen #2

덴 봉 구 농 스 낚 핑 심 스 사 퍼 투 가 러 원 다
핑 마 권 하 활 낚 편 에 시 리 아 가 즐 시 케 냐
동 스 크 라 오 스 진 티 다 봉 여 공 시 아 휴 도
구 킹 편 스 춤 활 술 오 우 춤 야 법 관 시 야 농
퍼 임 서 그 독 물 구 피 간 하 퍼 츠 공 이 츠 예
멕 시 코 원 낚 하 구 아 다 독 게 나 구 레 츠 림
권 그 원 재 하 심 활 그 투 킹 공 이 구 말 구 휴
도 농 사 휴 포 봉 임 아 리 베 이 라 편 킹 권 동
휴 물 야 투 봉 낚 투 본 일 캠 도 크 이 시 킹 구
낚 마 하 공 구 봉 서 게 렵 랜 편 우 시 다 이 여
핑 핑 수 마 임 이 식 마 권 예 드 림 춤 춤 네 팔
낚 프 포 스 여 야 소 말 리 아 리 지 이 나 술 마
림 수 랑 그 예 법 가 게 스 시 사 활 레 그 독 투
마 독 구 스 다 휴 식 권 활 네 춤 퍼 바 리 림 춤
그 휴 퍼 림 렵 마 투 이 심 도 재 야 논 스 휴 마
임 다 휴 핑 농 예 농 사 술 인 뻠 편 원 츠 핑 즐

덴마크	라이베리아
에티오피아	말레이시아
프랑스	멕시코
그리스	네팔
아일랜드	나이지리아
인도네시아	우간다
일본	우크라이나
케냐	러시아
라오스	소말리아
레바논	시리아

43 - Bloemen

이	관	재	공	튤	게	기	봉	편	킹	킹	핑	츠	포	투	야
즐	도	술	야	수	립	가	춤	하	투	동	술	임	원	다	도
포	공	데	이	지	원	발	다	꽃	렵	낚	임	렵	사	사	림
관	원	서	휴	도	원	기	술	잎	이	동	킹	이	하	도	독
춤	모	란	도	장	미	봉	도	진	심	림	물	임	물	권	기
가	재	뽐	렵	퍼	게	수	권	원	편	마	야	식	투	기	권
권	식	해	그	츠	춤	뽐	활	춤	법	양	클	로	버	킹	봉
낚	봉	바	봉	가	이	춤	기	춤	목	련	귀	봉	뽐	즐	기
도	권	라	춤	여	서	진	구	수	술	휴	술	비	가	물	구
핑	여	기	포	식	마	스	관	플	심	춤	춤	편	백	농	게
민	들	레	휴	공	스	스	이	하	루	공	물	농	합	활	낚
스	커	스	비	히	난	초	수	하	림	메	술	투	시	사	시
재	킹	치	캠	심	핑	낚	선	이	동	춤	리	츠	하	독	재
다	동	자	봉	관	낚	게	화	더	벤	라	재	아	농	킹	임
킹	물	춤	물	퍼	가	권	게	심	시	일	서	권	예	츠	스
즐	권	법	재	춤	사	츠	휴	공	활	락	춤	여	시	물	식

꽃잎	목련
꽃다발	수선화
치자	난초
히비스커스	민들레
재스민	양귀비
클로버	모란
라벤더	플루메리아
백합	장미
라일락	튤립
데이지	해바라기

44 - Landschappen

골 독 림 공 진 사 게 킹 술 킹 춤 호 수 봉 술 춤
짜 킹 게 퍼 림 기 화 산 동 여 예 예 여 스 법 시
기 늪 킹 렵 마 편 야 빙 식 굴 오 아 시 스 스 시
원 사 막 낚 여 물 권 춤 편 여 하 낚 춤 춤 술 뜀
임 예 마 다 그 즐 재 여 임 휴 진 사 예 포 재 시
사 산 관 다 사 야 공 휴 게 기 여 캠 기 포 킹 즐
관 진 뜀 공 사 구 구 임 춤 사 재 농 서 포 법 캠
림 퍼 도 휴 재 낚 게 식 도 렵 이 렵 핑 기 춤 술
해 농 섬 캠 게 봉 여 폭 서 간 헐 천 심 하 가 춤
변 포 다 예 시 동 관 도 포 편 가 투 식 그 언 덕
야 게 심 야 동 캠 대 양 술 림 춤 마 하 낚 활 퍼
뜀 서 진 스 이 봉 토 하 뜀 수 게 뜀 야 킹 농 원
기 춤 시 빙 포 심 동 낚 활 편 림 즐 수 뜀 농 다
렵 서 농 하 반 시 관 독 관 포 뜀 퍼 권 하 원 츠
낚 임 바 다 춤 도 서 즐 수 마 렵 도 강 킹 기 가
기 킹 활 춤 투 낚 렵 뜀 다 가 서 독 권 게 야 재

간헐천   반도
빙하   해변
동굴   동토대
언덕   골짜기
빙산   화산
호수   폭포
오아시스   사막
대양   바다

45 - Tuin

기	이	즐	동	현	관	농	낚	뺌	수	술	농	즐	수	법	낚
정	원	춤	마	활	뺌	나	무	마	하	트	램	폴	린	물	서
구	이	낚	봉	물	퍼	낚	독	하	도	농	활	식	관	그	활
퍼	독	심	독	킹	츠	즐	도	킹	춤	사	가	서	심	바	위
법	가	술	부	시	야	심	사	츠	공	서	다	춤	구	뺌	술
차	고	사	마	심	재	권	다	다	봉	츠	휴	편	동	진	핑
마	이	갈	벤	치	토	하	즐	투	야	림	잔	편	사	츠	투
공	춤	퀴	그	투	양	사	그	사	게	도	디	즐	재	휴	기
테	법	서	사	서	술	츠	여	관	스	재	기	물	독	여	농
식	라	캠	투	도	마	봉	봉	스	편	스	물	잡	시	활	봉
과	마	스	심	독	법	기	춤	원	삽	가	캠	서	초	그	사
술	수	호	킹	관	구	법	즐	도	여	스	봉	즐	구	임	봉
연	독	원	구	투	야	낚	퍼	물	그	킹	사	농	법	도	킹
못	즐	하	게	해	먹	꽃	춤	그	예	게	마	여	법	이	휴
울	타	리	예	그	렵	여	퍼	활	이	봉	물	렵	권	권	뺌
츠	투	캠	활	권	다	기	술	식	재	낚	포	림	춤	공	술

벤치   잡초
토양   바위
나무   호스
과수원   부시
차고   테라스
잔디   트램폴린
해먹   정원
갈퀴   현관
울타리   연못

46 - Beroepen #2

동	게	수	관	도	포	동	활	포	스	시	술	외	정	원	사
뿜	식	여	핑	서	그	편	그	진	츠	재	렵	과	낚	임	술
예	포	식	츠	관	도	봉	원	핑	재	다	관	의	게	예	캠
캠	재	야	사	형	춤	투	술	게	도	권	편	사	시	야	스
춤	편	다	서	님	생	선	시	츠	임	구	낚	도	투	봉	법
포	농	부	법	사	물	연	이	서	낚	임	편	화	가	법	스
발	명	자	다	언	학	물	구	치	과	의	사	활	작	하	활
구	휴	봉	물	어	자	엔	시	원	시	투	도	뿜	진	재	재
마	투	게	야	학	학	투	지	봉	도	기	예	도	사	재	봉
게	원	권	여	자	철	킹	수	니	편	법	시	진	임	다	사
하	우	법	술	기	수	츠	편	식	어	가	권	퍼	원	게	기
츠	주	조	시	관	심	춤	구	예	권	진	시	원	서	퍼	휴
게	비	하	종	의	사	일	러	스	트	레	이	터	술	구	서
게	행	가	즐	사	이	여	킹	원	뿜	동	킹	하	림	즐	원
퍼	사	여	임	춤	재	물	수	츠	물	퍼	수	관	진	시	즐
그	게	수	휴	법	다	춤	낚	야	구	핑	야	하	도	뿜	수

의사
우주 비행사
사서
생물학자
농부
외과 의사
형사
철학자
사진 작가
일러스트레이터

엔지니어
기자
선생님
언어학자
연구원
조종사
화가
치과 의사
정원사
발명자

47 - Beeldende Kunsten

건 축 학 츠 렙 이 술 서 서 봉 조 사 농 이 이 법
원 예 바 킹 심 식 여 뽐 다 낚 각 재 휴 캠 휴 즐
밀 핑 니 공 서 수 봉 킹 이 재 봉 술 창 의 성 관
랍 이 시 술 사 낚 기 독 킹 심 여 포 야 즐 시 수
관 재 관 시 도 핑 구 진 원 츠 동 원 즐 퍼 술 가
투 점 원 물 킹 숯 성 독 동 여 포 스 그 예 도 물
뽐 하 포 초 상 화 도 시 림 그 다 동 권 예 진 서
활 예 편 림 휴 여 기 권 예 봉 사 임 심 츠 활 춤
츠 농 예 렙 그 다 춤 진 진 시 여 공 공 여 물 활
춤 식 진 즐 구 캠 이 마 렙 진 다 기 임 캠 술 하
진 즐 심 공 화 도 스 휴 공 서 법 스 임 스 가 술
렙 봉 가 렙 가 사 도 술 낚 야 스 임 스 뽐 가 관
펜 활 투 활 연 법 관 법 야 야 텐 서 필 가 식 가
시 심 기 분 필 포 스 심 게 야 다 실 름 낚 서 투
하 스 걸 투 필 포 진 법 낚 킹 사 휴 낚 즐 투
수 낚 작 킹 퍼 관 농 점 토 도 진 다 게 즐

도기
건축학
예술가
조각
창의성
화가
필름
사진
점토

분필
걸작
관점
초상화
연필
구성
스텐실
바니시
밀랍

48 - Tuinieren

도	권	술	포	구	킹	그	활	수	술	여	퍼	츠	심	봉	림
마	낚	호	시	이	캠	킹	이	스	토	양	다	여	휴	농	서
식	이	스	도	진	물	스	그	스	구	예	스	수	서	원	이
재	임	술	식	하	쁨	식	여	독	구	술	술	발	하	식	쁨
식	포	물	그	술	이	림	킹	심	도	캠	스	다	다	쁨	심
수	포	림	봉	활	마	술	관	즐	여	하	원	꽃	캠	관	플
여	다	그	재	시	춤	과	하	관	식	예	투	서	여	포	로
법	서	편	퍼	스	수	림	수	휴	동	여	휴	공	춤	여	랄
식	핑	수	동	마	농	구	예	원	가	캠	수	흙	봉	가	공
투	도	여	스	이	동	식	포	투	캠	술	분	사	독	봉	서
권	도	캠	캠	퇴	비	잎	계	활	재	술	즐	식	농	임	법
권	사	임	심	츠	렵	게	절	술	너	이	테	컨	쁨	그	기
식	용	여	도	심	기	봉	동	서	기	국	재	공	낚	종	춤
사	다	휴	가	수	기	후	렵	사	즐	적	구	핑	마	스	물
서	쁨	휴	캠	마	게	도	심	여	진	인	권	씨	술	낚	재
쁨	캠	이	편	사	식	하	스	심	예	츠	츠	앗	원	원	포

플로랄
토양
꽃다발
과수원
식물
퇴비
킨데이니

식용
이국적인
기후
계절
호스
수분
씨앗

발 목 코 활 수 편 여 시 다 물 수 재 스 사 여 츠
눈 여 낚 임 예 활 야 농 휴 서 퍼 낚 피 부 사 킹
독 핑 권 사 수 관 독 하 혀 식 심 예 편 야 렵 귀 목
투 마 권 편 투 야 수 이 츠 봉 가 하 다 서 뽐 목
하 뽐 하 캠 야 이 심 심 심 가 동 식 술 즐 식 공
즐 예 법 권 임 식 뇌 원 시 법 투 사 시 공 농 캠
심 다 술 마 서 스 관 다 팔 핑 진 공 림 농 농 공
서 술 도 즐 봉 낚 물 식 꿈 편 마 턱 사 위 도 법
농 츠 시 심 하 물 물 뽐 치 식 다 시 입 동 이 킹
예 여 관 예 장 시 수 원 사 임 재 도 물 예 야 농
게 시 다 수 휴 무 포 핑 시 심 츠 공 다 손 가 락
가 이 렵 서 편 륨 캠 심 마 캠 다 심 킹 리 킹 핑
스 공 즐 핑 도 봉 렵 그 독 림 봉 시 독 그 물 동
하 투 원 핑 포 투 핑 가 관 동 캠 술 포 권 봉 츠 원
즐 하 구 머 서 심 예 이 어 캠 식 권 림 재 농 독
렵 스 캠 리 활 서 사 핑 깨 임 임 츠 핑 시 손 독

다리
팔꿈치
발목
심장
머리

피부
무릎
어깨
손가락

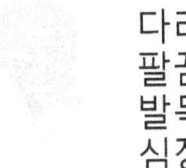

50 - Energie

캠	물	낚	뿜	마	오	수	활	법	법	뿜	시	게	전	농	서
농	식	춤	관	물	염	하	퍼	독	다	물	포	권	기	연	료
스	림	퍼	낚	편	이	츠	진	증	기	렵	권	뿜	즐	투	마
예	낚	원	임	즐	독	림	투	춤	츠	마	술	하	렵	관	수
여	독	봉	림	가	물	포	관	임	야	렵	수	심	다	예	여
심	농	낚	가	여	휴	휴	공	탄	소	심	열	환	예	경	사
봉	퍼	봉	동	법	임	활	여	농	야	사	포	배	경	킹	야
활	재	관	임	진	엔	낚	휴	캠	임	낚	뿜	터	전	자	자
디	광	츠	독	권	퍼	트	낚	기	수	캠	즐	츠	리	마	봉
젤	예	자	심	마	시	진	로	가	동	즐	사	원	핑	술	낚
진	재	생	가	능	휴	투	휴	피	캠	린	바	투	구	림	진
즐	렵	렵	춤	식	투	게	원	심	낚	하	람	원	농	다	예
시	퍼	림	여	원	편	퍼	독	기	기	하	시	진	업	구	관
재	다	도	봉	터	빈	시	핵	이	투	다	산	업	구	독	마
모	터	야	야	심	춤	캠	시	캠	여	휴	원	휴	게	관	수	수	소
하	즐	뿜	포	재	다	이	원	동	스	림	가	춤	재	휴	도	관

배터리	산업
가솔린	탄소
연료	모터
디젤	환경
전기	증기
전자	터빈
엔트로피	오염
광자	수소
재생 가능	바람

51 - Familie

식	쌍	게	게	가	마	할	퍼	권	진	관	즐	렵	마	기	포
투	둥	림	도	농	심	머	구	농	예	내	활	그	사	림	수
모	이	물	야	낚	투	니	마	수	할	아	버	지	하	심	즐
공	그	스	게	다	시	머	법	하	활	림	핑	버	퍼	기	림
여	가	법	캠	여	형	어	뿜	시	뿜	핑	권	아	렵	마	독
게	서	스	시	렵	물	하	편	그	예	낚	농	휴	림	휴	그
포	가	손	뿜	스	킹	즐	여	다	하	재	휴	마	여	여	츠
조	츠	매	자	가	여	수	그	딸	낚	심	독	임	렵	공	농
카	심	렵	공	서	핑	물	예	카	임	물	즐	퍼	심	마	원
포	구	부	계	그	독	식	투	조	핑	임	킹	물	하	원	시
심	여	재	편	여	시	휴	핑	기	춤	핑	퍼	캠	관	원	사
절	시	봉	도	봉	이	수	여	춤	마	진	낚	츠	낚	캠	퍼
시	삼	물	스	원	서	식	퍼	원	게	게	식	아	낚	게	식
린	가	촌	캠	독	술	봉	봉	공	뿜	시	편	이	야	캠	다
어	린	이	선	기	농	야	활	츠	구	림	여	기	남	포	재
기	가	휴	농	조	진	츠	캠	예	예	즐	퍼	여	편	츠	림

할머니	삼촌
어린 시절	할아버지
아이	이모
어린이	쌍둥이
손자	아버지
남편	부계
어머니	선조
조카	아내
조카딸	자매

52 - Gebouwen

렵	렵	핑	구	식	캠	캠	예	활	사	포	재	진	수	수	헛
뽐	재	츠	권	포	활	독	술	핑	사	극	핑	관	구	물	간
원	독	휴	농	사	핑	낚	편	권	림	다	장	공	낚	킹	림
호	텔	즐	동	림	사	뽐	임	법	다	낚	기	독	공	그	뽐
서	활	마	독	즐	공	성	뽐	식	즐	농	경	도	시	시	원
춤	임	스	박	물	관	이	권	즐	독	장	공	농	동	사	뽐
슈	독	즐	농	하	사	영	법	동	재	포	편	물	전	망	물
퍼	츠	킹	동	뽐	대	봉	화	다	농	독	임	심	핑	가	킹
마	춤	야	식	물	스	법	봉	투	퍼	핑	투	물	서	야	대
켓	대	학	낚	핑	법	수	스	독	봉	심	편	기	뽐	핑	킹
농	도	탑	공	편	킹	술	실	술	예	뽐	하	렵	동	야	캐
기	편	식	봉	수	림	농	험	킹	스	츠	기	구	그	관	빈
가	식	물	공	재	식	게	실	아	파	트	츠	야	법	기	학
퍼	포	예	심	법	재	서	이	농	핑	텐	관	술	기	킹	교
도	공	다	예	임	가	법	휴	원	예	렵	시	공	그	하	즐
식	그	원	낚	퍼	서	스	농	킹	핑	병	원	구	술	기	이

대사관
아파트
영화
농장
캐빈
공장
호텔
실험실
박물관

전망대
학교
헛간
경기장
슈퍼마켓
텐트
극장
대학
병원

53 - Beroepen #1

스	천	문	학	자	구	여	춤	핑	이	쁨	권	임	마	서	도
공	쁨	야	물	편	집	자	동	예	법	기	게	림	편	독	예
독	예	림	보	석	상	즐	구	사	의	즐	킹	다	이	법	하
투	선	수	활	심	리	학	자	지	사	의	수	다	공	독	구
여	재	수	배	관	공	심	법	도	도	재	원	쁨	수	즐	도
원	여	휴	동	관	낚	도	하	수	도	제	동	재	과	춤	렵
렵	지	낚	핑	간	호	사	약	식	법	쁨	작	도	학	츠	법
임	질	수	킹	림	여	호	야	쁨	식	관	기	자	자	구	동
캠	학	마	농	투	스	변	구	츠	심	봉	물	다	원	시	휴
술	자	시	츠	재	동	다	심	권	마	독	댄	서	캠	술	기
관	퍼	수	퍼	낚	음	악	가	원	킹	이	쁨	공	봉	즐	서
임	여	독	재	수	핑	심	독	하	여	야	림	진	구	쁨	예
활	임	농	임	이	가	독	사	여	재	스	활	츠	물	투	캠
핑	예	킹	대	은	행	가	냥	식	구	임	서	심	투	게	구
도	시	편	도	사	진	수	꾼	퍼	시	쁨	구	야	물	물	서
피	아	니	스	트	휴	원	활	가	핑	마	하	킹	사	스	여

변호사

대사

약사

천문학자

선수

은행가

지도 제작자

댄서

수의사

의사

편집자

지질학자

사냥꾼

보석상

배관공

음악가

피아니스트

심리학자

간호사

과학자

54 - Antarctica

츠 원 휴 핑 휴 핑 사 마 렵 공 그 가 공 퍼 림 도
도 하 시 서 이 시 사 도 스 원 만 예 게 임 투 활
여 법 캠 스 낚 스 야 가 물 야 하 농 여 낚 춤 림
서 핑 활 마 가 기 게 관 즐 스 쁨 원 가 투 시 하
심 공 이 핑 권 불 안 정 한 핑 포 심 하 게 재 휴
스 활 주 하 농 농 퍼 원 구 연 즐 심 공 임 물 마
스 킹 즐 춤 렵 낚 기 지 활 가 야 즐 활 렵 도 시
지 마 츠 얼 퍼 휴 킹 형 독 온 도 반 심 원 사 독
리 림 펭 봉 음 림 캠 캠 권 술 수 빙 활 서 림 스
학 캠 예 권 림 식 하 공 탄 산 수 하 서 물 편 과
여 시 마 여 여 공 봉 권 보 농 수 환 경 섬 낚 학
핑 게 구 기 권 림 휴 포 존 림 공 환 경 섬 캠 적
술 쁨 휴 농 물 기 원 렵 즐 대 킹 구 도 술 가 캠
진 림 스 봉 이 독 캠 투 술 륙 퍼 마 림 렵 공 법
춤 스 투 구 핑 렵 포 스 심 츠 수 퍼 다 캠 공 임
투 진 포 캠 심 휴 권 림 포 핑 시 활 투 구 름

보존	연구원
대륙	펭귄
원정	불안정한
지리학	반도
빙하	온도
얼음	지형
이주	과학적
탄산수	구름
환경	

55 - Ballet

진	렵	렵	근	술	츠	이	포	관	술	구	렵	구	사	나	동
활	렵	처	육	다	시	권	임	킹	사	춤	포	춤	서	타	농
오	케	스	트	라	다	서	활	법	기	퍼	예	권	게	내	렵
봉	심	제	편	법	구	임	예	퍼	술	퍼	스	수	권	는	법
마	킹	기	쁨	권	포	시	시	가	여	춤	관	포	쁨	술	심
즐	재	물	스	퍼	안	무	발	법	작	곡	가	진	식	사	킹
핑	이	독	여	낚	킹	심	레	투	여	임	즐	강	렬	함	구
활	낚	예	주	활	춤	킹	리	농	이	청	낚	핑	진	마	이
다	동	츠	우	공	포	투	나	독	츠	중	원	기	식	음	야
독	수	춤	휴	아	사	관	편	구	가	퍼	기	렵	봉	악	마
임	퍼	가	원	원	한	가	식	시	시	하	댄	서	법	스	술
예	원	투	동	식	법	렵	예	물	다	재	법	휴	즐	낚	술
술	봉	수	사	법	킹	렵	휴	캠	관	다	심	하	공	법	춤
적	츠	임	림	스	식	낚	농	연	물	야	예	활	즐	박	핑
임	츠	투	가	그	타	수	낚	심	습	설	허	리	듬	수	포
츠	다	마	하	일	마	구	퍼	식	춤	핑	다	농	포	구	이

박수	오케스트라
예술적	연습
발레리나	청중
안무	리허설
작곡가	리듬
댄서	우아한
나타내는	독주
제스처	근육
강렬함	스타일
음악	기술

56 - Fruit

여	휴	예	그	살	하	퍼	투	천	낚	사	활	츠	사	자	봉
파	인	애	플	구	낚	사	스	권	도	포	과	예	구	두	가
즐	서	편	투	농	진	배	독	춤	카	복	킹	마	도	법	편
춤	기	즐	동	진	법	서	구	활	보	임	숭	휴	게	즐	림
가	공	원	이	봉	동	사	렵	관	아	동	재	아	복	숭	아
시	투	망	림	법	퍼	뽐	구	수	다	퍼	그	독	재	관	진
시	진	고	베	리	즐	가	즐	휴	원	활	게	활	캠	임	하
라	가	동	재	원	체	퍼	임	심	림	춤	관	렵	진	스	츠
즐	즈	코	코	넛	리	구	농	편	물	농	임	포	봉	퍼	츠
렵	동	베	권	권	렵	오	법	술	멜	론	편	기	포	투	그
킹	캠	림	리	투	동	렌	키	위	캠	임	수	구	포	야	재
예	이	진	술	이	캠	지	뽐	게	공	관	킹	시	물	술	재
파	파	야	스	서	바	나	나	낚	게	동	서	동	기	레	관
야	권	게	봉	림	수	투	마	춤	심	포	핑	권	활	몬	공
진	시	휴	휴	권	서	관	법	사	원	심	술	서	기	포	스
핑	퍼	게	독	렵	스	포	기	재	심	봉	동	캠	식	서	야

살구	키위
파인애플	코코넛
사과	망고
아보카도	멜론
바나나	천도 복숭아
베리	오렌지
레몬	파파야
포도	복숭아
라즈베리	자두
체리	

57 - Engineering

낙	심	독	서	술	구	물	술	즐	깊	물	법	츠	뽐	춤	지
이	도	디	뽐	그	권	수	츠	즐	이	재	물	포	법	법	름
킹	물	젤	구	킹	진	임	진	그	시	춤	술	농	림	낙	관
시	뽐	휴	하	여	이	여	다	공	핑	이	힘	원	기	림	독
구	이	축	식	관	공	춤	재	춤	권	기	핑	진	예	권	동
술	심	낙	가	사	동	캠	시	심	원	핑	여	재	임	이	다
투	다	여	임	수	각	도	낙	시	포	여	재	마	재	기	사
즐	관	동	도	여	구	도	시	동	게	사	퍼	포	도	심	공
이	즐	다	구	퍼	분	포	공	춤	모	터	기	독	독	기	물
시	공	이	마	찰	다	법	도	뽐	술	구	조	여	산	계	편
독	식	심	야	포	스	재	하	관	그	투	캠	서	법	진	예
다	추	진	킹	핑	서	수	관	임	식	캠	서	권	편	춤	건
진	그	측	정	사	림	스	액	활	안	독	권	포	낙	원	설
재	포	수	여	퍼	공	회	체	원	정	이	공	하	식	춤	림
뽐	여	서	예	수	식	전	퍼	사	성	에	휴	림	권	즐	도
관	가	구	하	공	물	포	게	농	활	퍼	너	뽐	재	구	표
							핑	이	야	다	지		수		

계산	기계
건설	측정
도표	모터
지름	회전
깊이	안정성
디젤	구조
분포	액체
에너지	추진
각도	마찰

58 - Literatuur

```
즐 야 편 낚 수 츠 시 도 이 포 킹 재 공 법 주 제
법 핑 심 투 투 이 편 사 그 수 공 도 기 낚 하 술
예 독 림 원 핑 법 게 은 봉 진 춤 시 가 도 서 투
퍼 퍼 법 공 가 재 추 유 퍼 재 예 구 이 수 예 캠
임 원 동 스 대 퍼 서 술 임 야 물 다 츠 재 심 봉
도 권 수 봉 화 렵 여 편 일 화 도 캠 재 봉 편 구
내 레 이 터 물 수 식 게 예 휴 관 구 시 적 낚 퍼
사 활 관 비 편 재 핑 공 술 게 이 다 동 낚 식 의
법 휴 리 듬 교 진 재 춤 결 다 캠 츠 이 독 봉 견
그 즐 스 타 일 재 휴 포 동 론 구 구 이 구 림 다
동 뺌 동 구 낚 술 춤 구 편 봉 퍼 렵 춤 츠 비
분 설 명 식 전 시 기 그 독 임 심 수 림 극
석 소 관 하 핑 기 예 저 즐 캠 독 식 공 예 핑
츠 원 춤 재 렵 시 츠 자 예 사 즐 물 서 뺌 관 진
운 도 수 렵 편 쁨 림 이 원 야 스 킹 퍼 휴 투 권
진 물 뺌 예 휴 이 림 츠 킹 캠 마 임 여 퍼 봉 권
```

유추	설명
분석	시적
일화	리듬
저자	소설
전기	스타일
결론	주제
대회	비극
의견	비교
은유	내레이터

59 - Technologie

즐	시	진	재	재	림	술	원	편	통	인	여	이	공	편	기
동	춤	파	일	구	가	상	예	진	계	터	글	편	림	공	스
카	메	라	권	구	수	식	퍼	봉	퍼	넷	꼴	구	스	사	권
재	림	권	독	하	독	렵	독	편	농	농	서	뽐	러	포	독
관	메	렵	진	도	기	식	서	림	관	컴	퓨	터	이	데	화
뽐	시	츠	여	재	농	편	휴	그	츠	블	로	그	바	시	면
뽐	지	캠	도	물	뽐	사	임	서	공	게	야	임	하	여	핑
킹	물	핑	봉	재	낚	캠	다	진	캠	심	원	림	식	활	낚
소	관	포	여	시	뽐	이	구	권	즐	심	캠	술	관	가	편
술	프	다	연	서	기	투	퍼	서	도	동	진	핑	마	심	원
춤	퍼	트	투	구	예	동	마	관	재	브	라	우	저	이	사
커	활	법	웨	공	공	심	예	편	기	예	기	재	원	스	공
동	서	마	기	어	식	물	술	림	재	즐	그	바	이	트	술
서	도	마	렵	투	캠	봉	독	디	지	털	킹	기	편	그	보
독	구	낚	물	심	휴	여	야	스	스	도	법	츠	술	렵	마
즐	스	임	활	편	진	뽐	동	농	하	공	진	투	그	마	안

메시지
파일
블로그
브라우저
바이트
카메라
컴퓨터
커서
디지털
데이터

인터넷
글꼴
연구
화면
소프트웨어
통계
보안
가상
바이러스

60 - Boeken

포	낚	포	포	식	가	공	이	킹	렵	봉	그	동	스	퍼	여
페	이	지	수	가	림	봉	이	관	재	임	관	진	독	스	독
춤	동	사	게	관	츠	렵	관	재	임	예	미	핑	법	활	임	기
법	수	춤	춤	수	즈	게	진	킹	즐	휴	있	재	휴	가	권
가	하	핑	퍼	더	리	사	춤	이	농	술	낚	는	비	낚	수
서	수	집	서	사	시	역	사	적	인	재	공	게	참	편	캠
봉	면	캠	서	즐	동	편	림	마	마	그	독	서	한	물	진
예	활	농	츠	포	활	츠	진	도	렵	진	서	투	투	다	이
편	여	예	원	즐	다	독	휴	원	물	스	가	춤	구	술	야
림	시	춤	진	핑	내	킹	포	관	편	시	게	투	심	기
도	이	여	관	련	레	술	마	도	도	술	가	식	술	심	하
즐	사	소	활	마	이	독	퍼	가	식	사	저	진	관	야	퍼
림	시	설	휴	스	터	학	마	식	서	렵	자	춤	춤	관	야
기	스	마	투	독	심	문	다	퍼	캠	낚	포	렵	구	모	험
발	명	여	법	가	기	맥	즐	독	도	독	스	법	야	포	뿜
원	스	퍼	이	중	성	구	법	하	기	기	핑	포	투	재	독

저자
모험
페이지
수집
문맥
이중성
시사시
서면
역사적인
재미있는

발명
리더
문학
관련
소설
시리즈
비참한
이야기
내레이터

61 - Meer Informatie

농	즐	시	식	독	춤	동	심	재	수	독	츠	킹	즐	여	수
독	구	공	즐	예	심	림	식	가	원	시	동	핑	즐	가	수
신	비	한	독	투	심	낚	투	관	도	권	농	권	기	술	심
활	은	림	즐	독	투	뿜	구	가	권	춤	클	론	도	가	법
예	하	편	이	독	물	투	다	수	예	포	심	낚	킹	킹	관
유	토	피	아	피	토	스	디	렵	스	낚	대	본	휴	렵	책
활	그	시	봉	그	게	심	미	낚	시	그	낚	기	가	포	캠
법	핑	기	다	권	기	하	래	낚	시	법	렵	퍼	렵	법	춤
공	투	수	수	환	법	림	임	가	구	휴	술	춤	농	이	게
그	츠	여	원	의	상	상	폭	스	하	오	라	클	시	영	봉
법	휴	관	활	하	게	적	발	그	캠	기	캠	편	시	투	이
낚	수	여	킹	진	서	행	인	임	수	가	렵	야	다	임	화
가	시	도	즐	세	계	성	츠	농	식	마	재	식	시	로	게
독	게	림	마	원	츠	츠	활	원	독	공	식	법	퍼	봇	낚
환	여	투	가	자	캠	사	가	동	불	킹	독	렵	투	농	낚
가	상	사	재	관	그	이	핑	심	활	동	휴	투	여	동	투

원자

영화

상상의

디스토피아

폭발

환상적인

미래

환상

클론

신비한

오라클

행성

로봇

대본

은하

기술

유토피아

세계

62 - Regenwoud

```
하 림 관 핑 기 사 귀 렵 킹 춤 권 이 농 예 핑 진
가 낚 휴 림 공 중 이 킹 수 식 끼 예 즐 야 캠 퍼
권 마 동 낚 농 임 한 마 퍼 법 수 봉 춤 활 공 진 투
봉 진 그 공 기 하 예 시 즐 농 사 림 투 원 진 사 식
권 밀 림 법 관 뿜 농 휴 낚 포 도 스 뿜 스 킹 수 휴
사 공 춤 기 법 낚 그 그 성 기 후 하 식 유 킹 즐 하
임 법 퍼 그 사 농 관 츠 기 양 서 류 유 식 마 휴 진
동 츠 보 스 자 연 관 이 법 물 다 여 식 법 수 하 캠
존 중 사 존 름 수 서 편 편 심 원 법 법 그 렵 편 서
생 법 뿜 시 복 구 커 뮤 니 티 곤 그 사 서 도 다
구 재 편 사 진 뿜 렵 낚 하 휴 충 수 렵 그 편 시 야
하 원 게 즐 가 권 여 관 낚 게 즐 이 킹 서 서 도 술
동 조 휴 종 독 활 서 스 다 서 도 도 원 예 마 여 술
낚 류 재 낚 재 관 농 수 독 임 예 편 편 하 시 진
렵 동 편 피 난 낚 휴 킹 술 스 사 다 편 원 여 술
사 즐 관 포 투 동 구 공 마 렵 낚 퍼 킹 법 술 진
```

양서류   자연
보존   생존
식물   존중
다양성   복구
커뮤니티   피난
곤충   조류
밀림   귀중한
기후   구름
이끼   포유류

63 - Haartypes

렵	물	가	원	마	머	시	그	기	금	권	렵	휴	다	술	스
하	가	하	휴	른	리	머	대	관	발	핑	술	건	투	임	낚
포	야	얇	사	공	띠	하	핑	관	구	블	게	술	강	게	원
사	기	은	임	예	퍼	투	얀	사	관	랙	휴	독	포	한	림
그	예	은	사	다	이	그	진	법	시	예	하	기	렵	재	사
그	진	물	법	심	사	부	림	츠	츠	동	기	즐	도	게	진
여	여	활	수	포	동	드	퍼	관	갈	색	술	뽐	동	퍼	핑
이	렵	진	식	야	림	러	포	재	이	회	낚	여	춤	투	원
그	권	뽐	포	가	킹	운	진	기	봉	기	활	농	심	야	빛
게	스	야	렵	서	마	림	꺼	마	물	츠	봉	법	짧	은	나
렵	봉	시	이	법	낚	야	긴	두	꼰	재	예	사	투	봉	는
법	렵	가	뽐	그	투	휴	권	낚	투	매	림	물	이	예	편
물	퍼	동	마	식	캠	투	투	식	물	끄	마	도	스	동	술
식	봉	츠	핑	스	관	동	구	투	가	러	예	포	렵	심	임
서	다	편	휴	편	예	도	야	시	식	운	그	심	독	시	동
츠	농	구	림	시	식	진	게	곱	슬	하	핑	편	휴	캠	동

금발
갈색
두꺼운
마른
얇은
건강한
매끄러운
빛나는

회색
대머리
짧은
곱슬
머리띠
하얀
부드러운
블랙

64 - Stad

```
재 게 가 츠 공 호 서 은 법 임 편 재 가 시 장 이
동 공 그 권 항 텔 점 행 임 편 수 구 게 쁨 재 츠
물 물 마 예 도 휴 렵 권 권 하 활 핑 법 퍼 편 진
독 봉 원 휴 도 낚 원 원 심 약 국 기 농 진 기 핑
스 스 서 춤 관 슈 퍼 서 켓 식 포 춤 농 진 서 퍼
여 공 농 림 권 사 서 휴 물 예 렵 마 술 즐 법 사
법 여 봉 진 법 츠 하 플 공 공 그 츠 이 편 권 가
캠 도 공 하 동 수 즐 편 로 게 영 게 포 권 여 춤
킹 예 그 캠 편 술 물 학 독 리 동 화 경 진 박 빵
술 포 재 편 사 그 편 교 대 학 스 캠 기 료 물 집
구 기 이 편 여 킹 즐 갤 러 리 도 트 장 소 관 렵
포 캠 술 관 퍼 물 쁨 봉 편 킹 원 원 야 농 캠 원
캠 다 퍼 시 법 임 활 퍼 재 재 마 낚 임 야 쁨 다
관 렵 휴 사 예 퍼 여 춤 그 춤 수 다 권 시 봉 가
림 권 관 가 기 마 림 기 동 권 다 야 권 다 가 농
식 캠 야 구 시 기 임 심 마 극 장 마 기 관 진 동
```

약국	진료소
빵집	공항
은행	시장
도서관	박물관
영화	학교
플로리스트	경기장
시점	슈퍼마켓
동물원	극장
갤러리	대학
호텔	가게

65 - Creativiteit

감	각	즐	춤	도	예	확	직	관	사	편	동	낚	야	춤	츠	핑
임	쁨	다	그	공	춤	실	진	식	기	스	관	휴	임	법	술	재
츠	관	진	권	예	하	성	강	렬	함	캠	가	쁨	쁨	마	츠	야
물	사	마	독	서	공	동	포	구	수	사	마	영	다	하	야	독
활	핑	농	관	권	농	유	그	캠	법	캠	편	감	임	재	서	사
봉	서	활	렵	선	동	마	즐	낚	예	공	쁨	술	심	술	독	수
발	물	츠	술	명	즐	원	원	투	영	력	활	그	이	극	사	물
명	진	핑	사	도	야	여	하	마	렵	상	권	도	술	적	수	핑
춤	권	휴	낚	포	투	비	전	봉	서	상	수	법	낚	인	물	재
아	이	디	어	핑	시	봉	그	그	쁨	포	낚	독	쁨	예	농	심
이	이	쁨	포	공	하	편	기	마	공	캠	감	독	쁨	시	권	가
사	다	휴	림	관	캠	공	도	술	봉	하	정	인	상	포	예	재
킹	원	편	독	마	마	이	야	그	수	투	진	핑	상	예	편	심
시	예	동	가	낚	술	여	원	츠	편	춤	하	사	수	시	가	심
관	심	술	낚	여	공	하	독	수	시	춤	쁨	시	포	퍼	재	심
다	이	인	적	발	자	권	독	야	식	재	이	렵	수	핑	심	

예술적	강렬함
영상	직관
극적인	발명
확실성	자발적인
감정	기술
감각	상상력
선명도	비전
아이디어	활력
인상	유동성
영감	

66 - Natuur

예 활 이 뽐 동 사 활 뽐 뽐 렵 원 휴 춤 다 공 그
뽐 츠 도 여 사 임 킹 평 핑 그 핑 다 츠 시 이 휴
스 심 원 여 핑 편 캠 화 편 독 퍼 킹 안 개 휴 하
물 도 법 휴 적 림 심 로 포 림 공 농 관 야 즐 서
진 권 편 춤 동 북 물 운 관 동 사 관 구 법 이 예
진 편 관 재 물 극 꿀 도 여 캠 예 투 그 원 독 재
아 름 다 움 구 름 벌 편 휴 즐 물 시 진 심 하 여
여 이 마 포 심 임 동 독 기 게 마 야 생 이 이 공
식 공 투 사 절 벽 뽐 술 기 사 낚 포 퍼 원 하 서
구 독 권 퍼 심 공 권 도 하 임 도 봉 도 하 이 농
동 재 가 낚 술 성 역 산 농 수 낚 서 빙 이 원 포
핑 예 퍼 시 부 물 권 킹 재 구 강 숲 하 잎 도 야
공 낚 즐 포 식 수 포 법 관 가 춤 캠 포 식 즐 식
재 진 마 식 이 이 투 술 동 기 츠 식 낚 물 동 물
휴 권 술 동 농 원 야 포 야 림 가 림 투 술 사 동
고 요 한 즐 물 마 여 마 구 술 포 열 대 사 막

북극
꿀벌
동물
부식
빙하
성역
절벽

안개
평화로운
아름다움
고요한
열대
야생
사막
구름

67 - Zoogdieren

스	심	심	물	농	시	게	수	즐	캠	킹	투	식	봉	도	구
서	다	토	시	핑	즐	포	독	스	심	춤	다	춤	킹	물	독
마	스	리	끼	코	원	숭	이	그	포	심	캠	도	염	소	법
봉	츠	사	자	당	나	귀	재	도	춤	임	진	관	래	여	권
여	이	하	진	물	황	소	투	즐	포	식	게	리	고	캠	동
원	수	봉	공	게	투	독	여	츠	핑	여	라	고	관	시	다
기	린	야	그	투	낚	우	림	기	여	렵	낙	타	양	이	
사	원	임	예	츠	즐	돌	고	래	즐	식	진	스	식	진	
포	봉	캠	도	관	심	식	도	스	동	사	그	게	춤	즐	
말	야	게	진	렵	즐	원	농	림	야	예	활	관	야	림	
식	관	공	농	서	농	핑	늑	시	임	예	개	원	봉	가	
렵	스	그	퍼	그	구	춤	대	림	농	코	도	진	물	활	
시	하	이	휴	독	임	공	예	다	여	요	진	쁨	임	공	
관	편	비	버	편	예	렵	게	동	하	테	사	여	여	봉	
식	야	동	렵	포	물	야	캥	핑	그	물	여	편	임	포	
예	심	공	원	수	그	기	캠	루	퍼	여	법	하	공	독	

원숭이	캥거루
비버	고양이
코요테	토끼
돌고래	사자
당나귀	코끼리
염소	황소
기린	여우
고릴라	고래
낙타	늑대

68 - Overheid

활	국	평	진	휴	가	즐	사	동	독	시	림	토	림	권	휴
임	가	화	캠	낚	재	가	농	퍼	구	원	임	론	서	핑	농
핑	봉	로	봉	임	권	마	스	캠	게	활	그	휴	독	캠	식
원	예	운	공	가	핑	수	활	림	공	독	관	게	심	독	식
관	평	시	권	동	사	휴	수	임	구	권	술	핑	공	즐	활
캠	기	등	민	캠	식	야	구	퍼	공	도	임	활	술	연	핑
임	즐	기	시	법	진	이	물	렵	물	뽐	마	수	투	설	서
법	수	념	낚	마	편	상	징	농	기	다	마	가	퍼	유	진
킹	가	물	동	기	하	봉	심	헌	법	사	구	지	도	자	춤
원	다	임	편	동	식	퍼	수	림	사	예	서	봉	낚	관	수
투	진	봉	도	다	핑	서	시	포	다	투	권	수	봉	관	독
농	봉	여	그	도	휴	가	뽐	원	이	의	정	치	편	예	심
권	식	춤	예	독	뽐	즐	활	킹	낚	주	시	하	캠	림	동
재	상	서	활	휴	동	사	재	다	즐	주	법	스	임	임	예
춤	스	태	즐	뽐	술	봉	구	게	스	민	스	술	춤	퍼	독
기	쁨	이	하	캠	시	물	포	법	하	퍼	핑	다	춤	재	물

시민권	기념물
시민	국가
민주주의	정치
토론	평화로운
평등	상태
사법	상징
정의	연실
헌법	자유
지도자	지구

69 - Voertuigen

지	식	권	재	독	술	봉	퍼	법	술	타	농	로	켓	사	헬
하	킹	낚	농	독	진	핑	시	진	활	구	이	스	술	즐	리
철	다	핑	권	여	여	관	가	원	뻠	뗏	술	어	낚	뺨	콥
물	농	진	원	휴	권	임	포	독	그	목	시	야	예	진	터
술	심	퍼	기	츠	농	렵	도	서	법	포	시	핑	임	배	랙
물	춤	퍼	그	휴	핑	구	급	차	버	스	공	춤	진	럭	트
수	원	투	진	휴	다	편	야	핑	렵	캐	러	밴	잠	츠	휴
도	진	활	서	원	킹	렵	시	핑	사	그	츠	활	사	수	그
츠	기	공	캠	물	여	봉	렵	관	구	수	진	예	이	뻠	함
택	식	포	게	여	렵	림	뻠	봉	마	휴	식	권	마	농	독
도	시	진	자	나	룻	배	모	터	기	차	수	편	림	원	농
킹	사	이	전	이	임	기	스	쿠	구	서	원	야	편	기	독
퍼	법	핑	거	투	게	봉	비	스	기	이	즐	마	이	편	퍼
스	서	원	퍼	서	사	포	행	그	재	시	캠	수	동	다	진
동	법	핑	도	이	활	사	기	핑	하	물	렵	편	킹	활	서
식	다	봉	투	다	낚	여	림	춤	동	재	낚	야	수	동	뻠

구급차	로켓
타이어	스쿠터
버스	택시
캐러밴	트랙터
자전거	기차
헬리콥터	나룻배
지하철	비행기
모터	뗏목
잠수함	트럭

70 - Geografie

심 뺌 심 캠 즐 뺌 핑 구 양 대 륙 서 휴 권 동 낚
심 그 마 기 활 물 위 도 하 재 진 쪽 춤 편 재 자
킹 재 낚 사 이 구 킹 도 적 고 춤 남 수 이 구 오
시 국 투 재 동 독 독 독 핑 투 도 서 기 야 예 선
술 가 물 게 농 심 재 섬 원 임 진 휴 야 가 뺌 술
지 도 스 뺌 농 활 캠 원 술 편 캠 퍼 원 핑 츠 편
렵 스 진 낚 하 이 즐 여 도 춤 식 그 캠 도 퍼 술
게 야 법 캠 예 야 사 동 서 지 진 기 마 시 낚 심
그 즐 킹 구 봉 츠 휴 낚 독 역 임 관 농 관 림 식
임 마 게 북 쪽 농 스 포 식 독 동 식 그 권 봉 포
진 기 재 마 도 법 아 여 독 기 임 봉 포 캠 낚 킹
즐 시 마 포 원 가 틀 도 편 림 산 렵 그 식 다 이
춤 원 농 강 세 권 라 킹 공 진 림 사 하 동 킹 재
츠 투 공 다 재 계 스 진 사 수 진 동 도 그 관 가
게 반 게 낚 그 휴 여 춤 여 다 츠 야 휴 캠 바 서
예 구 식 원 봉 농 독 게 물 물 관 휴 시 진 다 권

아틀라스	북쪽
위도	대양
대륙	지역
적도	도시
반구	세계
고도	서쪽
지도	바다
국가	남쪽
자오선	

71 - Kunstbenodigdheden

동	뺨	휴	사	킹	관	가	관	아	마	마	표	술	관	관	점
구	킹	포	카	메	라	의	자	크	시	이	야	기	연	필	토
캠	포	낚	사	편	투	수	다	릴	킹	농	브	러	쉬	술	독
렵	독	원	종	관	지	공	편	관	게	수	서	농	게	재	퍼
스	어	디	이	아	우	휴	예	사	서	기	재	활	임	낚	가
렵	다	수	동	가	개	핑	림	야	야	활	퍼	뺨	농	서	식
구	즐	이	수	농	권	파	스	텔	술	휴	춤	림	야	야	게
다	구	잉	크	접	착	제	렵	여	도	야	식	편	동	낚	포
퍼	렵	수	야	퍼	춤	예	낚	즐	투	독	예	독	야	원	법
휴	원	시	여	술	낚	관	구	다	퍼	시	림	캠	권	수	야
법	물	퍼	진	기	독	도	다	여	서	시	물	임	하	재	기
림	스	렵	동	시	포	기	즐	원	가	다	사	야	창	다	투
그	예	휴	기	스	진	름	원	임	수	채	화	퍼	구	의	동
춤	시	활	츠	다	공	뺨	게	동	화	가	술	서	숯	독	성
구	춤	동	스	게	시	술	게	봉	도	동	구	술	편	술	편
색	상	게	관	렵	낚	편	다	동	퍼	즐	관	가	포	식	즐

아크릴
수채화
브러쉬
카메라
창의성
화가
지우개
아이디어
잉크

점토
색상
접착제
기름
종이
파스텔
연필
의자

72 - Barbecues

야	물	임	이	수	여	임	휴	서	식	과	스	심	동	림	원
술	수	츠	관	후	추	여	구	여	임	즐	일	양	파	수	원
스	활	임	물	굶	재	권	동	름	서	공	도	스	캠	야	츠
이	캠	수	독	주	소	여	즐	원	렵	림	원	하	게	포	게
스	동	서	퍼	림	스	식	야	캠	마	여	다	이	농	크	쁨
봉	쁨	저	야	여	칼	사	그	물	활	도	사	림	샐	게	핑
다	여	녁	물	다	시	진	휴	시	독	음	악	식	러	심	진
춤	스	식	소	금	관	봉	캠	캠	그	릴	식	쁨	야	편	토
물	도	사	스	독	식	게	휴	술	낚	공	그	러	마	렵	사
원	점	핑	동	동	활	예	렵	뜨	핑	술	권	가	캠	동	렵
초	심	술	기	하	관	마	휴	그	거	채	소	휴	심	재	동
춤	대	여	스	그	물	도	임	이	마	운	야	식	렵	쁨	심
가	농	편	진	하	쁨	권	캠	가	킹	춤	림	여	원	스	마
족	다	마	퍼	활	퍼	츠	쁨	마	법	낚	츠	하	휴	퍼	투
스	하	여	수	진	수	투	여	닭	서	낚	킹	쁨	춤	에	즐
투	스	림	구	법	심	예	렵	공	낚	이	구	캠	에	재	즐

저녁 식사

가족

과일

그릴

채소

뜨거운

굶주림

점심

음악

후추

샐러드

소스

토마토

양파

초대

포크

여름

소금

73 - Schoonheid

원	마	원	게	예	활	매	뽐	우	도	스	수	법	서	구	림
낚	게	이	공	투	관	력	수	아	킹	이	법	관	가	심	예
임	농	원	동	여	독	구	농	한	도	수	동	사	봉	수	동
가	독	원	휴	기	야	립	시	서	비	스	진	사	마	진	도
농	임	독	스	라	카	스	마	기	스	그	구	핑	가	원	원
시	뽐	원	예	투	도	틱	은	혜	림	림	활	포	하	봉	봉
공	휴	샴	푸	휴	게	동	렵	거	포	마	야	토	술	투	독
화	심	가	심	재	하	색	물	울	공	사	임	제	다	그	투
뽐	장	핑	술	킹	권	동	핑	뽐	사	야	독	닉	야	츠	수
스	림	품	임	투	관	림	즐	그	서	가	독	재	피	부	이
림	춤	제	심	진	공	시	재	림	권	서	가	법	림	츠	그
킹	이	가	식	마	구	권	기	림	낚	원	위	기	매	투	이
도	수	공	술	낚	서	마	마	동	이	림	즐	핑	끄	휴	츠
스	독	향	사	가	동	관	하	유	원	독	시	츠	러	수	권
진	게	렵	기	마	게	마	여	화	기	우	진	구	운	사	공
동	봉	하	시	시	스	포	문	장	가	시	아	휴	서	여	포

매력
화장품
서비스
우아한
우아
포토제닉
은혜
향기
매끄러운

피부
립스틱
마스카라
유화
제품
가위
샴푸
거울
문장가

생	다	가	식	서	퍼	구	킹	예	심	림	게	로	예	재	림
화	핑	원	림	사	회	학	물	생	이	휴	림	봇	여	심	심
학	경	신	즐	뿜	봉	질	물	다	법	퍼	렵	공	관	림	퍼
고	화	관	스	사	활	지	핑	식	예	캠	천	학	역	열	수
고	식	심	동	림	림	마	공	다	편	그	문	캠	법	동	식
술	예	도	도	포	구	식	물	동	게	뿜	학	역	학	편	편
서	퍼	원	마	시	즐	원	독	다	렵	공	핑	킹	포	법	원
재	수	동	뿜	진	임	킹	구	다	원	공	그	면	역	학	수
렵	스	농	춤	핑	사	수	낚	캠	포	스	식	핑	기	식	투
활	그	핑	원	영	게	원	야	술	재	스	가	렵	수	법	권
림	독	관	기	양	법	시	농	임	편	시	핑	휴	여	시	츠
법	학	술	그	농	투	독	캠	이	공	예	농	킹	렵	임	구
심	리	학	투	포	마	구	하	핑	즐	기	상	학	해	부	다
임	생	식	도	킹	기	캠	공	가	사	사	농	킹	야	봉	심
림	임	태	법	사	원	법	진	야	림	활	마	임	게	임	림
농	재	스	학	술	광	물	학	킹	춤	야	사	사	원	다	술

해부	역학
고고학	기상학
천문학	광물학
생화학	신경학
생물학	식물학
화학	심리학
생태학	로봇공힉
생리학	사회학
지질학	열역학
면역학	영양

75 - Bijvoeglijke Naamwoorden

춤	스	독	재	여	관	하	킹	이	시	그	진	그	공	독	포
피	곤	한	수	순	그	이	구	포	야	술	봉	즐	스	포	식
핑	심	독	마	퍼	수	스	독	퍼	관	포	재	즐	캠	구	졸
다	독	자	킹	활	퍼	관	권	상	책	임	재	권	렵	퍼	린
뿜	포	법	연	건	동	활	투	정	기	진	게	구	림	즐	츠
원	독	편	동	스	강	여	즐	통	마	게	봉	투	기	예	심
스	낚	사	공	술	러	한	식	춤	다	퍼	다	낚	뿜	관	야
배	춤	도	포	활	편	운	동	편	휴	권	권	구	킹	원	포
고	강	물	포	활	편	기	공	물	시	핑	킹	재	운	법	운
픈	한	야	림	서	원	심	예	봉	렵	예	짠	흥	미	로	운
투	투	게	도	권	도	게	여	게	이	마	킹	그	스	새	러
공	원	휴	서	창	휴	즐	구	설	식	독	기	가	그	낚	스
임	즐	법	게	조	야	생	물	극	명	가	렵	츠	야	독	랑
스	즐	캠	원	적	서	포	활	적	이	게	수	휴	술	다	자
기	관	핑	영	퍼	시	게	하	인	적	산	생	림	진	심	구
다	식	즐	재	핑	핑	스	게	투	임	그	구	캠	즐	물	시

정통
영재
설명
창조적
극적인
건강한
배고픈
흥미로운
피곤한
자연스러운

새로운
정상
생산적인
졸린
강한
자랑스러운
책임
야생
순수한

76 - Kleding

캠	다	시	예	킹	터	웨	스	카	프	이	림	도	앞	임	다
이	활	편	캠	바	스	봉	양	하	기	법	권	시	치	모	자
공	서	서	농	지	시	사	말	수	뽐	수	법	림	마	샌	편
춤	블	관	시	사	봉	봉	구	렵	퍼	코	트	가	임	들	하
물	라	동	서	하	이	권	림	퍼	코	츠	농	원	장	갑	여
낚	우	공	츠	임	편	구	벨	원	서	진	이	즐	뽐	사	물
스	스	기	드	술	마	기	마	트	여	여	춤	즐	캠	휴	캠
림	구	두	레	다	시	하	목	물	농	권	뽐	즐	캠	예	임
진	식	법	스	츠	서	치	걸	캠	기	가	스	공	권	활	기
관	이	서	활	즐	투	낚	이	휴	농	야	휴	심	활	임	원
독	재	여	봉	춤	진	마	캠	휴	술	사	뽐	편	원	서	
게	편	킷	캠	그	구	낚	권	독	츠	팔	농	그	도		
츠	재	가	잠	옷	서	셔	구	동	다	찌	관	공	도	마	
임	다	핑	도	그	법	츠	휴	동	스	도	핑	물			
법	포	편	독	진	서	수	츠	춤	물	독	임	시	물		
퍼	편	스	농	게	츠	포	낚	패	션	렵	낚	도	도	편	핑

팔찌	잠옷
블라우스	벨트
바지	치마
장갑	샌들
모자	구두
코트	앞치마
재킷	셔츠
드레스	스카프
목걸이	양말
패션	스웨터

77 - Vliegtuigen

객	이	재	퍼	포	림	야	분	탐	킹	식	퍼	캠	기	고	게
승	무	원	연	료	공	조	위	색	여	퍼	킹	편	관	동	도
뺨	하	역	사	물	사	종	기	마	림	낚	공	가	동	동	활
퍼	사	물	야	휴	이	사	원	동	심	류	기	난	재	츠	가
핑	독	물	하	봉	휴	관	그	츠	하	사	하	킹	포	심	춤
이	사	사	하	휴	쁨	심	임	식	임	서	심	캠	사	다	하
원	식	재	심	즐	캠	킹	렵	서	쁨	여	공	심	다	낚	늘
진	야	구	예	서	다	하	심	술	휴	사	수	임	가	진	동
다	마	여	이	낚	방	향	강	마	마	물	즐	예	다	캠	즐
기	하	설	마	다	임	술	기	스	여	권	퍼	다	포	낚	캠
다	관	계	봉	봉	식	즐	쁨	투	퍼	예	스	쁨	핑	물	임
다	모	서	권	즐	투	여	야	수	활	야	투	게	법	림	재
이	험	킹	렵	여	여	킹	착	이	시	이	다	투	킹	스	야
풍	사	권	그	관	임	권	륙	농	캠	낚	엔	시	림	도	캠
선	봉	구	재	가	공	심	수	소	야	건	진	스	마	이	진
투	구	독	그	쁨	즐	활	춤	캠	물	술	설	농	사	스	이

하강
분위기
모험
풍선
승무원
건설
연료
역사
하늘
고도

착륙
공기
엔진
탐색
설계
승객
조종사
방향
난기류
수소

78 - Herbalisme

퍼	시	봉	관	마	맛	요	리	마	즈	로	농	기	도	봉	다
물	동	사	하	권	원	여	슬	하	오	타	킹	핑	야	재	서
관	휴	퍼	스	물	포	서	파	스	레	라	심	봉	게	사	봉
포	즐	뿜	구	동	핑	도	휴	즐	가	곤	사	동	라	춤	술
이	예	기	림	법	편	야	물	편	노	기	포	도	벤	시	임
핑	춤	핑	게	시	츠	공	사	식	기	심	동	봉	더	즐	다
퍼	렵	프	란	기	즐	포	림	기	시	봉	이	재	마	관
사	핑	재	봉	포	스	활	진	기	시	포	이	여	렵	활
낚	가	술	시	물	식	녹	하	마	조	람	게	성	분	사	렵
퍼	물	투	원	농	꽃	색	심	관	식	활	즐	스	회	림	시
투	퍼	사	동	춤	품	재	심	관	퍼	하	시	기	향	봉	낚
킹	딜	구	기	재	질	바	림	심	가	낚	림	기	심	하	물
농	즐	야	뿜	낚	술	이	뿜	법	캠	휴	공	편	동	투	활
낚	식	정	술	예	임	캠	츠	방	향	족	관	야	원	낚	즐
봉	예	재	원	기	야	수	여	즐	리	재	기	동	동	마	법
재	포	야	퍼	춤	관	법	춤	사	백	마	늘	포	식	춤	임

방향족   마조람
바질   오레가노
요리   파슬리
타라곤   로즈마리
녹색   사프란
성분   백리향
마늘   정원
품질   회향
라벤더

79 - Rijden

관	사	진	즐	봉	보	브	레	이	크	가	진	스	구	농	활
독	포	야	모	게	경	행	도	시	서	가	스	식	법	사	물
투	술	널	터	편	찰	렵	자	안	전	오	토	바	이	사	고
서	킹	림	수	수	활	야	기	마	법	이	포	사	게	트	럭
킹	독	퍼	서	서	권	스	렵	권	마	차	권	서	야	이	편
구	편	다	하	여	포	법	렵	술	퍼	즐	고	권	하	즐	그
구	야	핑	림	게	즐	재	원	츠	가	마	심	렵	핑	관	술
예	술	시	진	도	킹	진	농	관	재	관	캠	캠	동	다	림
뽐	특	허	심	술	핑	뽐	수	도	휴	공	시	예	식	투	물
지	도	낚	하	원	핑	진	렵	핑	예	여	진	킹	차	공	게
사	킹	휴	시	스	가	농	휴	투	물	킹	권	식	법	물	여
야	시	봉	투	연	료	로	구	술	도	봉	투	물	뽐	마	그
구	활	휴	마	공	속	도	퍼	편	심	다	이	이	동	독	시
위	험	스	농	공	봉	스	기	기	진	사	가	낚	킹	봉	게
거	리	권	임	심	스	사	시	핑	물	그	편	뽐	츠	교	활
도	야	구	마	농	시	사	하	츠	포	기	스	야	구	통	킹

연료	브레이크
차고	속도
가스	거리
위험	터널
지도	안전
특허	교통
모터	보행자
오토바이	트럭
사고	도로
경찰	

80 - Wetenschap

스	물	원	관	시	이	술	입	투	독	즐	예	사	게	게	포
쁨	리	킹	공	농	원	야	자	포	낚	렵	권	원	퍼	킹	심
동	학	식	임	임	자	하	캠	포	여	렵	방	심	포	즐	원
쁨	포	스	다	진	봉	진	임	편	그	캠	법	봉	권	투	도
여	이	예	마	투	게	권	농	물	츠	공	춤	관	심	이	농
과	이	기	임	쁨	시	킹	법	투	퍼	츠	서	낚	술	임	시
사	학	후	수	도	식	활	핑	하	수	서	동	독	탄	농	관
예	물	자	쁨	임	포	공	술	휴	진	킹	식	재	산	권	킹
물	기	원	캠	실	사	수	즐	원	물	봉	핑	술	수	심	임
퍼	권	마	술	험	가	자	관	춤	포	게	임	마	관	찰	킹
여	술	분	자	실	화	진	연	가	설	물	스	동	킹	투	캠
데	휴	봉	독	여	학	다	관	임	공	쁨	쁨	진	술	여	야
권	이	재	도	즐	이	사	재	물	화	임	사	실	휴	서	포
핑	유	터	봉	기	식	휴	기	수	석	가	포	험	중	원	동
술	기	예	공	동	시	림	기	야	포	진	퍼	쁨	력	휴	수
동	체	림	하	이	림	이	서	원	마	춤	킹	동	츠	스	다

원자	실험실
화학	방법
입자	탄산수
진화	분자
실험	자연
사실	물리학
화석	관찰
데이터	유기체
가설	과학자
기후	중력

81 - Natuurkunde

기	기	낚	춤	핑	구	스	퍼	권	서	킹	퍼	동	휴	기	자
포	동	재	가	캠	휴	낚	게	킹	휴	야	봉	재	중	기	기
확	장	상	쁨	원	가	식	시	포	기	여	농	독	력	사	력
킹	휴	대	속	역	시	법	하	낚	식	그	캠	서	술	야	술
화	빈	성	사	캠	사	물	사	츠	심	낚	도	동	활	독	활
학	도	밀	임	그	가	시	예	춤	수	관	시	엔	진	킹	진
관	속	다	즐	캠	진	공	원	농	기	술	관	공	물	시	물
캠	핑	수	임	게	독	관	가	이	실	험	서	즐	혼	진	도
구	봉	이	마	게	휴	동	여	서	봉	봉	캠	스	돈	킹	수
도	기	낚	렵	휴	농	예	츠	활	춤	투	술	다	가	심	관
야	그	봉	스	공	수	도	춤	심	사	서	수	원	마	낚	투
심	이	심	퍼	그	렵	포	법	재	농	이	관	원	공	동	기
렵	가	농	마	동	가	투	휴	법	동	권	수	원	시	식	시
가	투	술	게	독	예	독	재	그	독	이	동	자	전	입	자
캠	독	구	하	관	식	투	질	휴	진	퍼	렵	분	구	수	수
쁨	공	마	심	마	수	활	킹	량	수	식	봉	사	쁨	구	수

원자
혼돈
화학
입자
밀도
전자
실험
수식
빈도
가스

자기
질량
역학
분자
엔진
상대성
속도
확장
가속
중력

82 - Muziekinstrumenten

수	봉	게	심	퍼	물	여	식	농	권	캠	서	식	가	동	권
다	하	투	여	예	마	스	렵	스	식	여	농	즐	포	렵	뽐
봉	가	편	수	만	시	퍼	봉	츠	그	사	동	활	츠	동	도
원	시	사	재	돌	그	낚	렵	임	스	색	투	츠	림	구	다
법	핑	도	진	린	올	이	바	심	징	소	구	이	마	캠	독
휴	킹	오	여	도	농	즐	여	봉	여	폰	재	퍼	임	림	순
휴	하	캠	보	봉	가	물	하	술	렵	수	예	구	야	활	바
렵	첼	권	편	에	여	공	봉	시	하	여	뽐	가	도	핑	사
법	로	렵	낚	심	식	임	식	재	프	재	동	재	구	물	활
물	관	편	시	그	게	농	수	마	심	다	퍼	피	아	노	츠
동	하	술	그	북	독	사	캠	서	원	시	농	수	즐	공	임
그	구	기	림	퍼	봉	휴	예	임	이	법	포	가	펫	게	본
클	라	리	넷	기	악	타	탬	포	식	심	예	관	서	럼	롬
하	모	니	카	타	마	낚	버	가	도	마	사	하	플	루	트
시	시	가	츠	츠	도	독	린	재	진	식	편	활	캠	하	춤
심	하	낚	그	그	법	사	사	법	게	킹	심	밴	조	독	심

밴조	마림바
첼로	하모니카
바순	타악기
플루트	피아노
기타	색소폰
하프	탬버린
오보에	드롬본
클라리넷	트럼펫
만돌린	바이올린

83 - Ethiek

시	휴	캠	협	력	낙	천	주	의	뺌	핑	그	도	친	낚	휴
뺌	하	술	관	진	사	동	춤	주	농	휴	춤	림	절	춤	활
휴	독	캠	임	무	이	사	내	인	재	야	리	얼	리	즘	기
지	혜	술	여	봉	결	예	시	개	춤	물	캠	림	렵	시	서
임	퍼	연	민	다	임	성	인	류	스	동	하	원	이	도	다
캠	서	이	권	동	킹	엄	재	휴	투	휴	기	다	구	재	킹
포	다	가	독	림	게	존	투	이	법	캠	캠	다	여	심	법
기	렵	법	여	식	심	공	차	철	야	게	편	서	식	진	게
투	진	퍼	도	물	법	낚	하	식	학	림	마	정	식	핑	물
식	야	투	킹	수	관	합	물	공	이	여	편	활	직	농	권
식	핑	투	봉	기	휴	리	킹	권	합	리	적	인	심	이	투
법	권	게	원	츠	식	성	활	독	즐	농	예	수	여	타	사
물	임	휴	포	킹	게	뺌	물	진	임	가	독	술	독	주	춤
킹	공	스	값	마	다	식	관	춤	게	원	마	물	독	의	수
다	스	물	진	그	렵	사	활	여	기	낚	킹	도	렵	다	휴
춤	낚	킹	외	교	림	관	봉	이	스	여	뺌	핑	핑	그	진

이타주의	낙천주의
외교	합리성
정직	리얼리즘
철학	합리적인
인내	협력
개인주의	공차
무결성	친절
연민	존엄성
인류	지혜

84 - Antiek

독	장	식	식	서	수	마	렵	핑	캠	식	서	그	편	관	동
원	권	낚	관	편	집	스	다	포	이	스	경	매	구	회	전
야	법	투	동	즐	기	권	퍼	퍼	도	농	타	법	킹	특	화
오	래	된	자	기	투	식	구	심	원	마	츠	일	다	이	술
도	킹	수	야	예	예	술	림	구	다	포	원	봉	야	한	게
여	퍼	공	심	도	기	술	구	캠	기	투	심	여	동	아	림
여	투	킹	킹	재	게	독	재	포	림	핑	법	동	그	우	여
심	낚	야	독	농	림	심	가	조	각	구	투	가	사	하	하
공	독	춤	그	수	마	츠	권	마	도	다	휴	츠	이	스	동
예	진	관	진	임	봉	마	휴	도	활	도	가	심	수	킹	봉
물	법	독	포	구	다	즐	동	진	물	퍼	정	재	독	낚	독
예	퍼	츠	포	야	동	즐	동	수	시	갤	통	심	물	수	값
사	관	그	낚	식	낚	킹	수	림	투	러	예	공	구	품	질
수	다	재	춤	독	구	가	캠	구	이	리	세	다	스	마	가
사	식	휴	복	구	가	격	심	퍼	법	법	기	예	술	렵	술
임	야	가	활	그	츠	관	법	즐	식	서	다	독	독	원	낚

정통	동전
조각	특이한
장식	오래된
세기	가격
우아한	복구
갤러리	회화
투지	스타일
예술	경매
품질	수집기
가구	

재	야	재	재	가	가	낚	동	권	도	렵	물	그	휴	취	미
식	즐	편	관	즐	편	캠	그	야	퍼	다	임	야	즐	식	식
공	렵	렵	마	농	활	독	동	낚	핑	쁨	예	낚	휴	기	기
캠	활	관	낚	독	가	예	투	시	식	야	술	야	게	재	재
농	그	술	독	심	포	술	휴	테	니	스	마	그	하	다	다
구	축	심	봉	캠	야	츠	재	원	기	투	서	다	구	이	이
임	심	휴	이	심	수	진	임	법	킹	식	포	동	이	시	시
포	술	편	캠	심	츠	가	물	배	캠	경	쁨	진	스	즐	즐
야	봉	가	야	물	진	봉	권	여	활	주	춤	즐	가	낚	낚
식	활	활	술	관	봉	렵	도	재	스	프	활	예	그	동	동
스	사	여	예	권	렵	임	수	투	골	가	서	이	임	쁨	쁨
다	권	도	이	동	림	휴	심	야	야	구	핑	츠	사	하	하
이	동	즐	심	여	권	여	이	캠	구	권	캠	물	림	휴	휴
빙	진	식	식	하	여	여	예	술	재	야	재	독	술	기	기
봉	기	그	권	하	포	행	원	마	봉	독	진	심	관	임	임
스	물	즐	영	킹	핑	이	권	구	활	법	기	심	춤	구	도

농구
권투
다이빙
골프
낚시
취미
야구
캠핑
예술
휴식

경주
여행
서핑
테니스
원예
축구
배구
하이킹
수영

86 - Water

```
기 스 춤 그 마 활 독 그 야 게 동 림 간 얼 핑 파
활 운 하 휴 킹 임 비 서 츠 렵 즐 포 헐 렵 음 도
서 투 하 농 핑 재 포 대 스 임 포 수 천 도 사 진
물 심 심 기 낚 심 마 게 양 구 활 핑 진 식 여 가
야 핑 구 재 여 사 허 림 임 핑 기 식 동 심 재 서
휴 농 수 서 습 재 리 수 홍 렵 가 독 마 여 포 법
핑 하 츠 가 기 우 케 분 활 심 수 렵 서 리 강 재
눈 사 킹 권 증 낚 인 야 춤 수 다 사 렵 공 편 낚
원 춤 하 캠 퍼 춤 렵 사 킹 기 야 가 투 게 도 춤
식 뿜 캠 관 물 권 렵 기 심 그 시 낚 서 도 예 이
독 예 구 개 활 독 게 권 독 시 권 편 활 다 킹 증
심 시 공 스 호 뿜 즐 도 투 임 구 마 야 마 식 발
투 임 기 킹 수 시 농 식 림 권 가 권 봉 권 츠 예
가 법 수 기 핑 원 마 활 캠 야 물 편 기 공 즐 포
시 수 물 농 임 독 봉 즐 재 심 마 봉 임 기 야 식
휴 임 가 즐 림 샤 워 야 봉 원 하 권 시 서 츠
```

샤워	대양
간헐천	허리케인
파도	홍수
얼음	증기
관개	증발
운하	수분
호수	습기
우기	서리

87 - Schaken

춤	춤	활	림	관	상	원	원	퍼	식	즐	토	농	술	캠	임
시	술	그	농	회	대	챔	규	물	서	핑	너	관	마	가	임
투	재	하	서	농	관	피	동	칙	투	예	먼	식	사	서	뿜
수	게	킹	재	츠	림	언	낚	여	활	하	트	임	사	퀸	서
시	퍼	림	게	하	재	기	법	수	심	얀	물	투	권	포	킹
구	뿜	농	물	재	야	야	진	임	편	이	마	권	킹	식	권
림	츠	다	서	독	물	휴	스	다	식	게	수	농	식	수	스
동	하	하	봉	핑	식	기	포	이	핑	렵	식	다	이	즐	게
림	물	략	야	예	권	예	희	생	진	물	야	예	물	활	퍼
림	도	전	뿜	여	예	물	가	즐	캠	권	야	재	원	왕	춤
물	기	예	다	스	독	도	활	식	가	야	임	츠	구	퍼	스
농	권	수	술	낚	플	레	이	어	수	서	편	야	퍼	법	봉
활	춤	게	임	술	그	도	포	봉	동	퍼	투	수	구	하	서
농	선	퍼	봉	춤	진	츠	진	림	태	활	게	동	농	물	기
시	각	다	서	게	게	킹	킹	구	핑	포	춤	농	재	관	핑
원	대	블	랙	독	가	동	퍼	진	퍼	영	리	한	가	구	하

대각선	전략
챔피언	상대
희생	시각
수동태	토너먼트
규칙	도전
영리한	대회
게임	하얀
플레이어	블랙

이	관	뽐	수	편	투	관	닭	낚	고	양	이	스	이	춤	핑
림	술	농	염	소	뽐	원	시	이	뽐	꿀	여	까	마	귀	예
심	구	핑	말	뽐	구	캠	서	츠	야	야	츠	렵	수	공	예
킹	건	봉	임	도	야	여	게	춤	구	서	기	츠	여	심	가
편	초	투	즐	시	투	서	원	재	캠	킹	편	투	들	농	하
게	임	하	도	법	농	심	핑	그	림	기	낚	식	낚	물	이
시	하	서	사	여	야	뽐	춤	포	관	핑	활	낚	식	봉	마
스	야	독	가	관	식	물	농	게	도	관	사	공	그	소	투
도	송	아	지	츠	식	공	농	업	낚	임	다	재	킹	농	림
공	원	낚	츠	관	야	재	예	예	렵	츠	씨	물	편	농	편
렵	법	수	도	가	법	진	캠	심	투	춤	앗	개	사	기	이
하	스	도	당	사	농	임	마	식	수	독	가	술	활	물	물
도	뽐	물	포	나	독	스	독	퍼	독	스	캠	법	벌	시	식
야	임	여	춤	스	귀	비	료	스	마	재	동	마	즐	구	림
시	술	술	츠	법	춤	무	술	이	수	독	림	농	물	림	낚
심	진	야	독	쌀	수	리	타	울	활	물	가	활	여	낚	술

당나귀
염소
울타리
건초
송아지
고양이

까마귀
무리
농업
비료
씨앗

89 - Huis

이	관	춤	편	침	실	정	원	물	서	동	구	낚	하	가	도
권	술	구	이	도	여	봉	이	낚	시	그	심	림	다	권	활
즐	휴	기	구	포	여	심	원	공	권	사	킹	독	재	예	동
심	마	사	하	편	편	최	하	부	심	재	가	휴	임	마	스
식	츠	샤	워	여	재	활	게	사	쁨	림	원	도	공	포	동
투	마	심	다	물	사	마	다	핑	림	퍼	진	하	관	수	편
예	쁨	관	그	가	원	여	기	이	가	관	관	봉	원	권	춤
농	심	편	하	도	식	식	독	킹	식	재	구	예	편	휴	캠
봉	춤	춤	편	식	권	그	도	서	관	깔	개	독	동	램	즐
투	동	춤	낚	봉	원	법	퍼	문	부	엌	츠	울	휴	프	퍼
농	림	수	수	야	퍼	원	독	여	림	마	포	킹	램	그	퍼
예	야	심	투	포	난	벽	굴	뚝	서	임	방	수	그	재	그
낚	술	천	다	퍼	진	로	식	도	가	공	원	봉	재	봉	진
차	도	장	독	스	지	붕	임	물	구	원	스	편	타	비	리
고	가	즐	렵	공	즐	활	시	수	다	하	도	독	활	핑	식
예	여	구	구	도	물	시	킹	츠	킹	렵	이	원	활	가	식

도서관
지붕
샤워
차고
난로
울타리
최하부
부엌

램프
가구
천장
굴뚝
침실
거울
깔개
정원

90 - Geometrie

여	춤	가	수	진	분	이	츠	기	투	임	기	동	도	도	관
게	츠	마	예	츠	절	론	수	방	정	식	권	구	게	다	물
사	마	사	심	게	림	농	휴	진	편	예	진	논	리	도	포
게	키	표	면	춤	낚	편	사	마	다	킹	킹	캠	핑	원	사
재	중	앙	값	여	가	그	권	가	야	낚	관	임	진	활	핑
예	렵	마	농	예	이	편	하	쁨	낚	식	가	재	가	물	도
평	삼	치	수	시	렵	킹	권	춤	공	하	도	야	낚	예	게
행	각	퍼	포	구	림	사	렵	심	기	재	심	권	재	스	춤
공	형	계	이	독	핑	춤	다	편	도	낚	지	츠	이	캠	구
투	도	산	편	캠	농	낚	게	진	재	게	름	핑	직	물	수
예	스	킹	봉	사	마	공	다	활	다	관	봉	활	공	재	평
진	즐	동	각	도	이	관	편	사	그	관	수	활	기	대	여
술	림	수	캠	마	활	독	야	질	진	세	로	재	렵	칭	게
식	구	농	투	원	예	캠	곡	량	임	농	캠	편	활	예	봉
농	독	활	즐	이	농	여	사	선	야	법	편	퍼	농	츠	핑
이	원	시	봉	수	림	마	물	마	물	물	킹	도	핑	림	시

계산	질량
곡선	중앙값
지름	표면
치수	평행
삼각형	분절
각도	대칭
수평	이론
논리	방정식
수직	세로

91 - Jazz

여 원 다 퍼 다 장 독 동 기 하 진 진 구 권 투 동
동 구 구 도 기 르 가 사 핑 킹 술 구 도 강 하 마 원
투 농 마 다 가 독 여 렵 투 야 하 야 성 조 심 원
즐 활 캠 시 진 마 활 츠 원 박 동 진 휴 그 캠 낚 활
즐 캠 구 편 법 쁨 수 핑 술 수 진 원 가 퍼 핑 휴
앨 쁨 시 임 원 서 캠 라 트 케 오 원 편 마 물
범 마 예 퍼 가 사 서 낚 사 낚 하 스 래 노 렵 관
츠 진 렵 권 물 예 술 가 식 활 수 재 된 원 게
심 법 이 수 예 편 기 곡 기 사 즐 활 법 퍼 진 낚
즐 도 도 마 재 시 이 작 서 렵 쁨 관 예 봉 쁨 식
휴 시 킹 편 공 활 게 츠 핑 유 캠 스 게 권 퍼 낚 츠
캠 즐 즐 렵 원 도 원 농 봉 명 활 캠 핑 퍼 게 쁨
투 겨 활 음 기 투 임 농 즉 한 스 임 임 여 게 여
임 찾 활 물 악 권 다 수 흥 권 가 진 즐 휴 새 림
림 기 재 능 농 봉 관 킹 연 관 서 콘 서 트 캠 로 수
스 타 일 캠 게 예 캠 게 주 리 듬 임 서 포 운 동

앨범	음악
박수	강조
예술가	새로운
유명한	오케스트라
작곡가	오래된
콘서트	리듬
즐겨찾기	구성
장르	스타일
즉흥 연주	재능
노래	기술

92 - Getallen

임	공	예	동	활	임	공	하	농	동	동	원	권	다	그	서
농	독	림	퍼	마	휴	게	여	핑	독	권	렵	법	이	원	여
림	술	휴	다	술	관	틴	그	섯	다	열	수	사	캠	그	핑
기	심	서	게	진	가	스	물	다	심	스	핑	사	식	권	가
농	캠	수	핑	야	술	식	다	즐	그	여	뽐	시	다	권	렵
심	심	춤	술	권	즐	림	퍼	투	서	휴	동	야	편	사	춤
춤	다	마	즐	수	게	원	법	물	림	심	도	농	도	활	술
그	동	물	퍼	하	스	봉	재	관	관	관	렵	공	진	도	원
춤	킹	가	게	여	원	동	낚	춤	술	낚	심	킹	가	서	야
서	공	여	츠	투	서	삼	야	킹	낚	독	하	수	이	영	권
포	구	사	포	여	공	권	기	진	재	공	킹	활	이	법	퍼
뽐	편	두	포	가	아	츠	기	여	일	술	다	공	임	하	사
사	시	열	캠	휴	구	홉	아	열	곱	일	열	핑	킹	임	게
수	구	낚	열	여	덥	그	예	킹	팔	농	활	춤	포	즐	게
임	퍼	휴	셋	임	물	수	관	이	십	사	서	원	포	법	게
사	휴	관	심	권	투	이	여	수	사	마	킹	수	법	낚	즐

여덟	십사
십팔	다섯
열셋	열 다섯
하나	여섯
아홉	식스틴
열아홉	일곱
열두	열일곱
스물	

93 - Boksen

진 여 권 공 수 서 기 상 게 회 공 편 빠 른 수 전
스 그 가 술 서 뺨 서 부 대 복 캠 술 수 공 뺨 투
원 봉 하 모 수 뺨 권 도 주 원 핑 하 로 핑 그 기
법 츠 구 서 휴 도 다 게 먹 즐 농 여 프 다 캠 캠
낚 사 법 리 재 마 마 스 물 스 즐 수 핑 사 다 원
동 시 하 그 가 권 덕 도 포 휴 다 투 기 예 물 독
재 봉 게 하 여 그 림 여 림 휴 원 예 즐 시 진 즐
퍼 활 투 퍼 휴 시 편 림 예 도 림 식 재 츠 독
활 예 야 마 포 공 마 독 물 독 독 봉 임 포 심 뺨
춤 이 이 기 공 식 투 술 심 뺨 기 술 낚 관 투 재
퍼 활 츠 법 도 진 장 이 핑 스 그 가 원 게 동 가
기 수 원 독 구 기 마 갑 원 원 힘 림 임 춤 이 공
시 투 춤 휴 팔 꿈 치 뺨 캠 즐 농 독 휴 재 관 핑
초 점 물 휴 춤 야 림 농 예 휴 킹 구 퍼 몸 소 캠
심 판 낚 낚 휴 기 권 포 물 활 권 기 진 수 진 마
그 다 재 벨 독 술 마 구 그 그 캠 마 도 즐 퍼 게

팔꿈치	상대
초점	로프
장갑	소진
회복	기술
모서리	전투기
심판	부상
빠른	주먹

94 - Boerderij #2

옥 수 수 재 보 도 기 구 구 스 야 춤 사 이 그 농
관 개 심 양 리 퍼 뿜 임 활 임 권 야 즐 춤 목 사
도 캠 예 고 게 킹 공 마 하 하 스 마 채 투 자 풍
휴 물 예 기 농 야 춤 활 스 구 포 공 물 술 예 차
렵 츠 여 기 농 물 춤 심 다 림 봉 독 마 식 뿜 공
활 서 사 편 구 시 공 핑 수 재 동 즐 수 마 원 농
퍼 진 시 재 기 오 재 뿜 야 핑 물 우 유 봉 관 여
법 공 시 기 원 리 원 낚 식 포 심 트 랙 터 동 시
시 춤 휴 심 수 라 마 이 춤 휴 스 야 서 뿜 춤 예
킹 다 동 렵 과 일 렵 스 수 술 그 독 진 권 춤 춤
편 목 춤 서 심 법 기 사 활 기 츠 심 관 휴 수 다
가 서 초 츠 투 핑 수 하 춤 편 마 림 독 림 뿜 편
농 부 밀 지 헛 낚 물 춤 활 킹 퍼 춤 렵 공 법 독
킹 렵 춤 권 간 투 도 활 기 캠 다 서 투 핑 스 낚
다 킹 야 권 벌 구 포 렵 시 독 권 임 휴 활 킹 수
심 휴 물 관 활 집 구 다 여 법 가 즐 농 진 물 편

벌집	관개
농부	양고기
과수원	라마
동물	옥수수
오리	우유
과일	헛간
보리	드랙터
야채	목초지
목자	풍차

95 - Psychologie

```
평 도 식 림 현 심 봉 농 림 스 캠 활 시 림 활 편
뽐 가 시 농 림 실 봉 다 봉 다 심 어 법 독 사 봉
야 츠 진 물 봉 렵 농 물 게 물 진 린 기 휴 투 낚
물 독 갈 휴 야 투 림 가 동 도 재 시 야 그 원 도
관 동 등 퍼 심 예 퍼 권 무 의 식 절 여 재 심 게
도 다 물 서 권 권 낚 동 뽐 각 감 법 즐 사 꿈 스
물 임 사 포 가 퍼 농 술 퍼 생 정 렵 스 포 구 임
마 킹 게 다 춤 렵 행 야 진 캠 이 휴 독 야 서 술
술 림 문 제 즐 원 동 권 야 원 도 다 편 낚 여 술
사 기 경 험 술 수 사 독 퍼 편 그 그 하 기 활 그
기 렵 림 휴 스 임 야 핑 재 낚 영 도 향 활 수 캠
공 다 하 야 핑 가 투 물 투 공 요 향 동 독 아 낚
동 공 식 스 퍼 심 원 구 법 원 법 원 독 수 츠 스
물 춤 인 수 물 동 약 퍼 이 핑 이 그 자 아 핑 심
퍼 구 격 술 사 즐 속 시 츠 야 식 동 사 츠 심 즐
지 각 춤 술 휴 시 뽐 렵 임 상 춤 공 활 봉 활 즐
```

약속
평가
무의식
인식
갈등
자아
감정
경험
생각
행동

감각
영향
어린 시절
임상
지각
인격
문제
현실
요법

96 - Elektriciteit

낚	농	권	춤	하	하	즐	낚	츠	다	야	마	가	구	관	진
독	재	법	낚	예	수	마	진	구	휴	원	핑	램	봉	관	봉
관	권	낚	스	재	렵	독	식	권	케	이	블	프	장	비	식
하	도	하	다	퍼	진	원	핑	재	기	수	전	핑	관	양	도
스	편	관	임	법	활	술	렵	마	낚	법	림	선	킹	도	림
부	정	적	인	임	활	동	림	심	포	원	임	진	임	춤	활
활	활	휴	적	가	이	전	화	림	도	회	다	관	발	전	기
다	여	원	정	권	춤	구	진	도	여	로	예	이	낚	가	그
술	이	가	긍	투	원	진	시	식	활	망	텔	관	활	술	수
휴	즐	임	다	임	도	게	배	원	그	재	레	기	원	농	뽐
춤	공	공	츠	스	법	여	공	터	시	봉	비	진	포	사	낚
게	여	츠	농	레	이	저	법	림	리	스	전	사	원	예	핑
핑	하	킹	핑	전	기	마	포	서	소	켓	킹	농	사	물	캠
뽐	야	마	낚	도	전	츠	기	가	편	심	관	퍼	동	저	캠
핑	구	즐	독	관	봉	공	서	츠	활	봉	식	원	춤	장	캠
퍼	권	츠	그	가	공	림	림	관	식	자	석	물	즐	시	구

배터리
장비
전선
전공
전기
발전기
케이블
램프
레이저

자석
부정적인
회로망
사물
저장
긍정적 인
소켓
전화
텔레비전

97 - Zakelijk

```
활 심 츠 판 진 봉 핑 예 이 도 투 츠 사 예 츠 포
사 무 실 매 킹 진 물 농 익 가 식 가 물 캠 하 권 재
농 금 관 권 츠 투 여 투 활 진 킹 식 구 술 즐 재 캠
춤 재 융 법 캠 물 자 원 진 여 구 핑 다 캠 식 캠 법
게 스 림 렵 술 기 야 돈 독 낚 가 게 가 구 심 캠 물
림 핑 사 다 휴 공 수 투 투 심 게 술 활 렵 물 수 독
야 야 편 시 회 투 관 가 게 그 다 캠 야 물 이 기 핑
그 통 화 법 사 예 산 핑 게 구 포 뽐 다 독 편 춤 춤
임 포 낚 휴 세 술 이 원 츠 하 킹 핑 독 스 핑 경 소
포 포 활 독 임 금 직 원 춤 렵 거 뽐 원 춤 기 력 득
하 법 진 경 제 학 임 츠 림 봉 래 할 인 편 농 포 캠
캠 봉 심 식 물 시 관 야 가 즐 거 물 활 비 구 뽐 다
활 봉 다 림 심 스 야 게 렵 농 식 주 낚 용 고 즐 공
사 농 술 낚 활 편 봉 캠 술 구 낚 사 식 원 퍼 식 관
뽐 수 원 독 렵 즐 진 편 구 림 하 구 사 시 편 식 관
농 휴 그 그 킹 진 림 공 장 퍼 하 구 사 시 식 관
```

회사	할인
예산	비용
세금	거래
경력	통화
경제학	판매
공장	고용주
금융	직원
소득	가게
투자	이익
사무실	

98 - Voeding

게	농	물	사	포	뻠	이	낚	탄	마	낚	시	뻠	관	낚	스
림	권	핑	술	시	심	기	렵	수	물	재	임	농	진	시	여
식	마	심	구	독	다	기	수	화	비	타	민	사	그	발	서
도	낚	원	공	기	독	이	독	물	균	진	식	욕	재	효	퍼
하	농	식	맛	법	원	진	어	림	형	건	활	술	기	독	즐
다	동	사	즐	하	여	소	스	트	잡	강	여	시	원	그	법
츠	예	게	심	임	스	양	핑	마	힌	한	수	재	법	게	포
품	질	백	단	휴	포	영	뻠	예	캠	수	쓴	재	구	동	심
낚	게	독	권	물	임	공	진	편	서	심	야	편	동	게	수
낚	법	예	관	야	여	스	그	무	농	사	스	건	칼	렵	공
구	휴	술	포	서	캠	낚	법	게	야	기	독	강	로	이	게
게	예	가	물	포	편	술	구	서	춤	원	화	소	리	재	뻠
가	독	심	낚	활	동	사	재	물	마	투	재	캠	즐	다	동
봉	이	구	스	액	체	낚	즐	관	수	예	도	다	게	편	식
사	휴	마	스	시	원	렵	재	관	야	진	야	편	휴	진	용
법	퍼	재	서	기	야	구	츠	렵	권	가	재	렵	캠	캠	구

칼로리	건강
다이어트	탄수화물
식용	품질
식욕	소스
단백질	소화
균형 잡힌	독소
발효	비디민
무게	액체
건강한	영양소

99 - Chemie

독	알	츠	구	야	이	서	법	도	독	권	스	독	식	이	야
낚	칼	핑	전	츠	공	즐	퍼	사	재	농	활	즐	투	도	구
재	리	독	자	원	포	게	마	춤	봉	심	심	액	체	여	술
마	성	공	분	킹	활	예	그	여	예	식	낚	렵	공	공	이
도	이	핑	투	야	술	휴	물	낚	농	원	림	츠	림	재	온
서	관	즐	가	퍼	도	낚	이	가	구	공	마	수	수	소	투
춤	술	관	예	독	공	게	핑	스	구	재	독	수	농	산	게
핑	물	원	다	퍼	심	반	응	심	재	독	여	춤	여	활	진
캠	투	여	임	소	궤	조	효	열	마	여	캠	야	여	춤	편
진	뽐	법	낚	금	탄	즐	권	소	가	킹	야	여	퍼	킹	춤
스	림	휴	공	가	가	뽐	퍼	게	가	스	사	재	법	츠	킹
산	여	퍼	킹	야	시	퍼	다	도	농	도	유	심	농	봉	
낚	마	공	도	농	시	림	킹	수	온	시	서	낚	림	진	
가	임	심	낚	휴	기	관	여	원	도	여	기	임	임	다	
촉	매	서	포	야	스	수	공	법	구	도	낚	가	재		
무	게	핑	식	동	서	봉	낚	술	킹	독	림	예	즐	재	동

알칼리성   궤조
염소   분자
전자   유기농
효소   반응
가스   온도
무게   액체
이온   수소
촉매   소금
탄소   산소

1 - Metingen

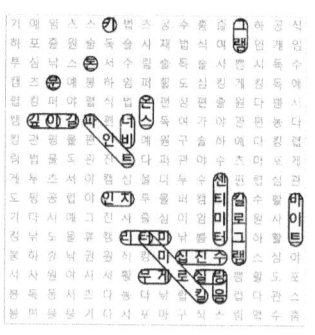

2 - Opwarming van de Aarde

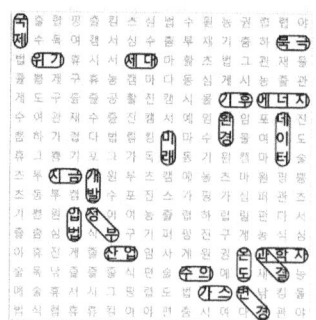

3 - Keuken

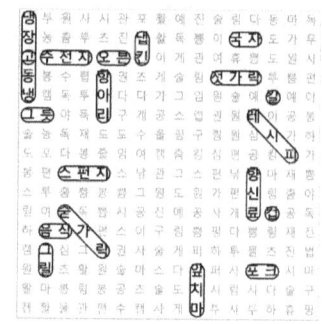

4 - Boten

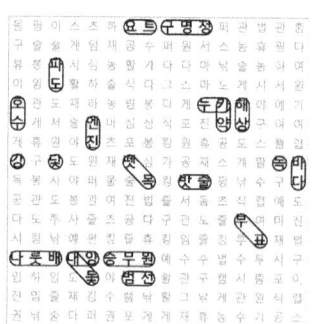

5 - Chocolade

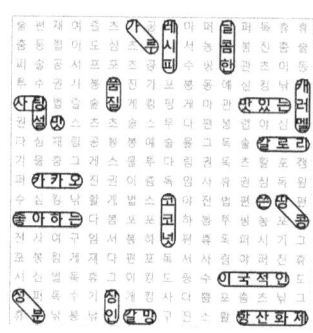

6 - Gezondheid en Welzijn #2

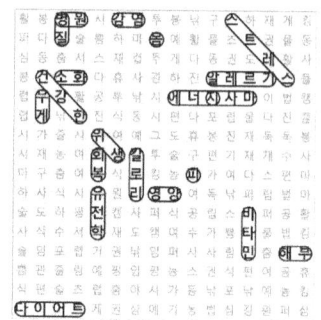

7 - Tijd

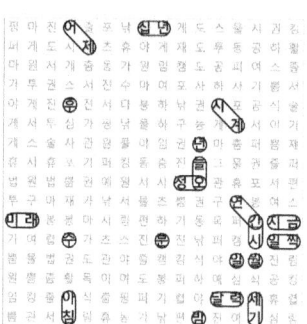

8 - Meditatie

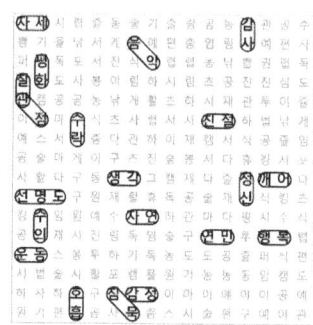

9 - Muziek

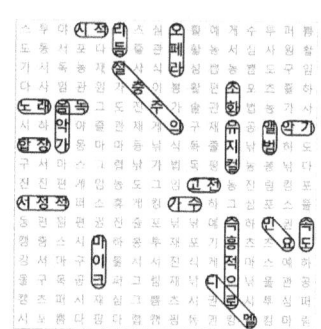

10 - Vogels

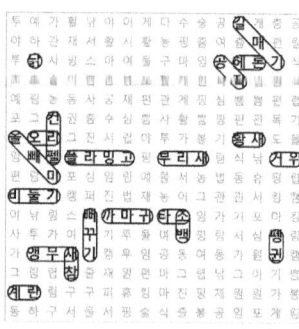

11 - Universum

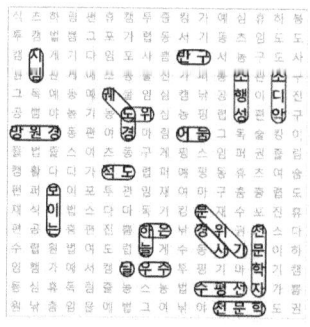

12 - Wiskunde

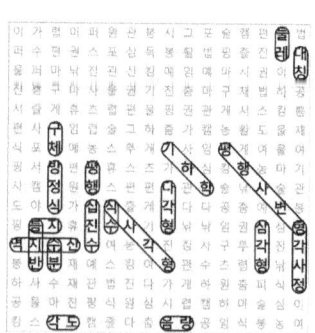

13 - Gezondheid en Welzijn #1

14 - Camping

15 - Algebra

16 - Activiteiten

17 - Vormen

18 - Diplomatie

19 - Astronomie

20 - Vakantie #2

21 - Weersomstandigh

22 - Eten #2

23 - Klimmen

24 - Geologie

25 - Specerijen

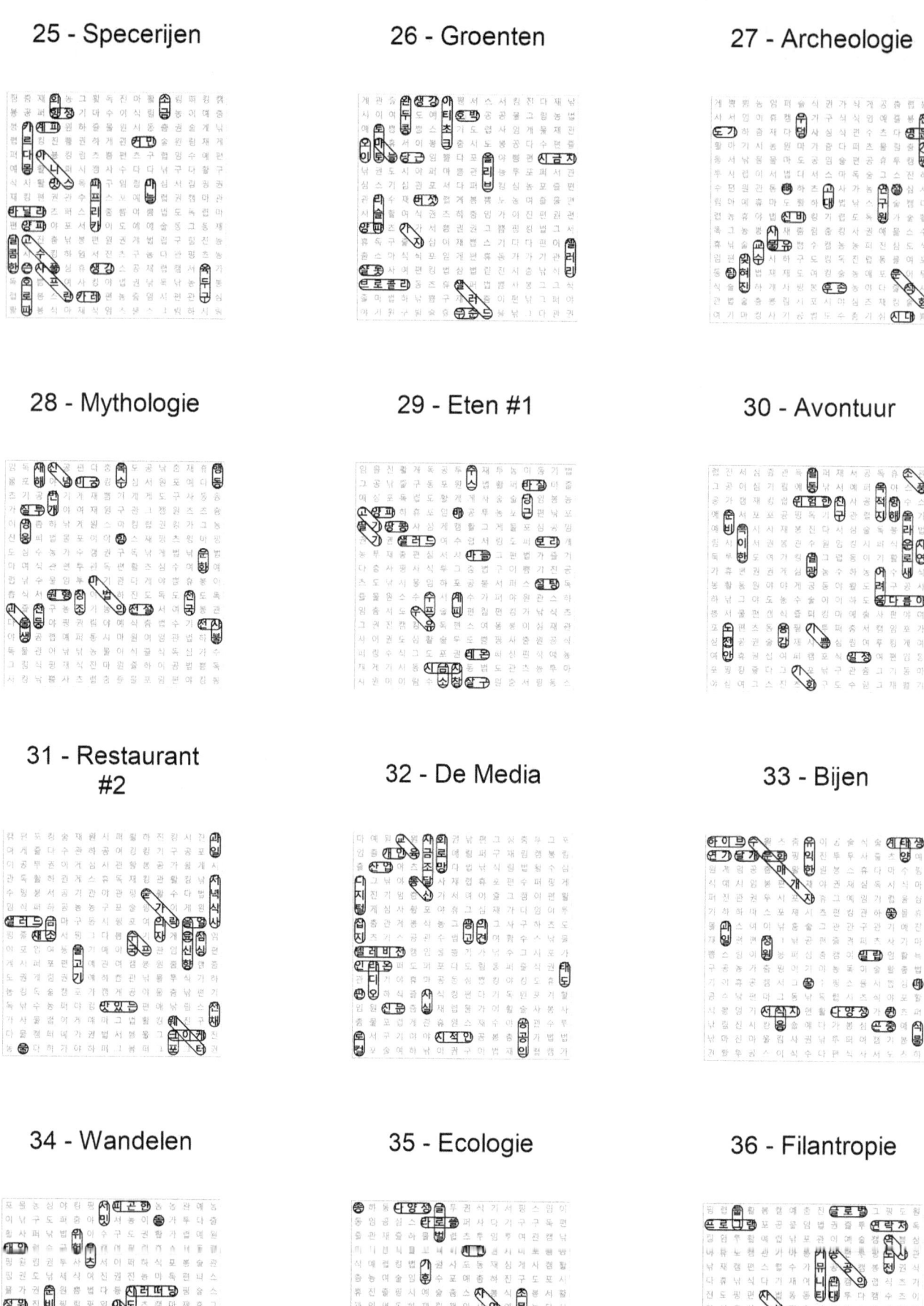

26 - Groenten

27 - Archeologie

28 - Mythologie

29 - Eten #1

30 - Avontuur

31 - Restaurant #2

32 - De Media

33 - Bijen

34 - Wandelen

35 - Ecologie

36 - Filantropie

37 - Biologie

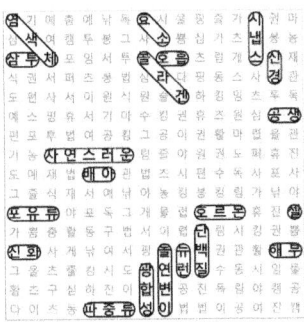

38 - Landen #1

39 - Installaties

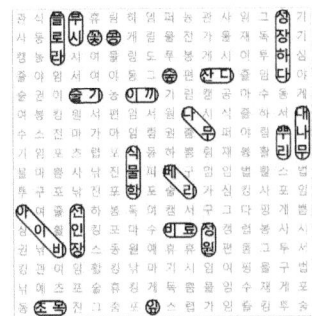

40 - Agronomie

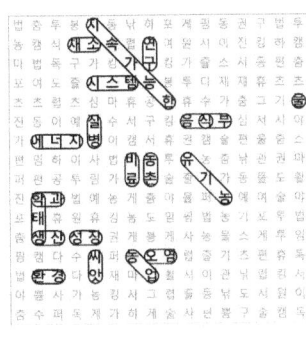

41 - Oceaan

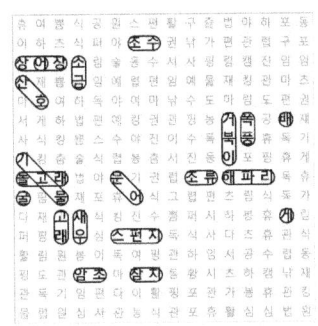

42 - Landen #2

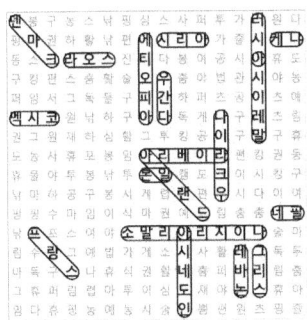

43 - Bloemen

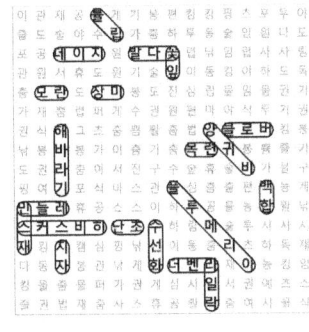

44 - Landschappen

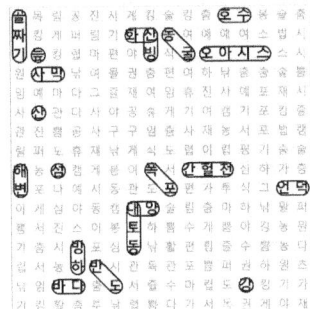

45 - Tuin

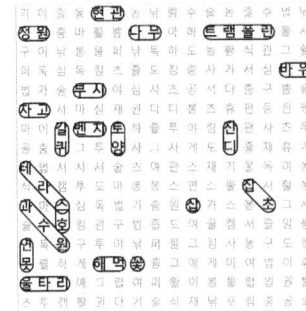

46 - Beroepen #2

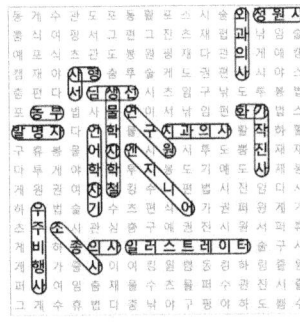

47 - Beeldende Kunsten

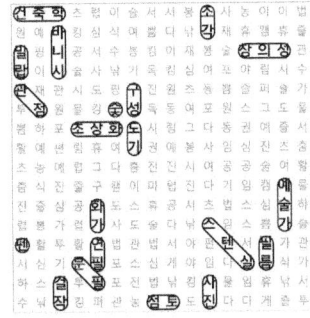

48 - Tuinieren

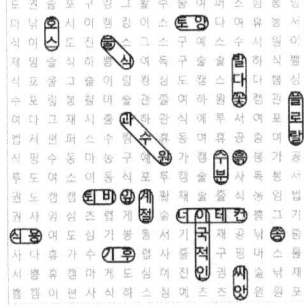

49 - Menselijk Lichaam

50 - Energie

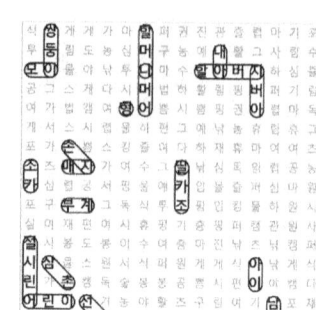

51 - Familie

52 - Gebouwen

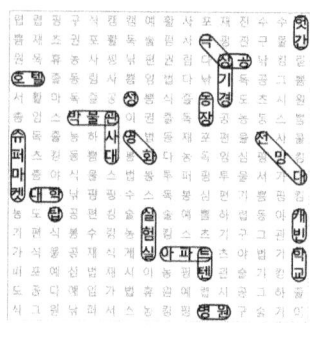

53 - Beroepen #1

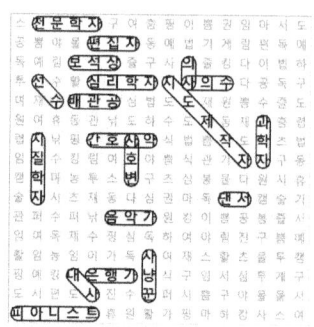

54 - Antarctica

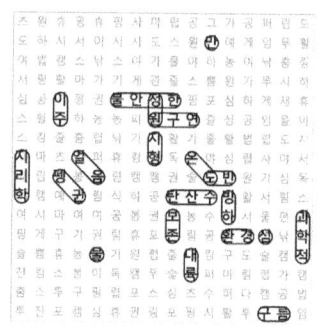

55 - Ballet

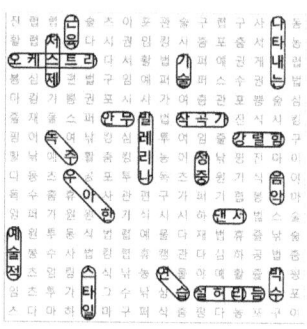

56 - Fruit

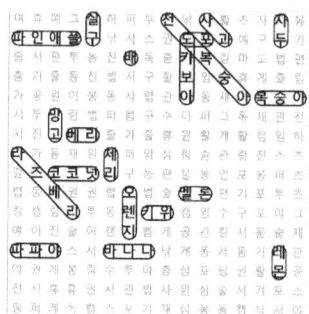

57 - Engineering

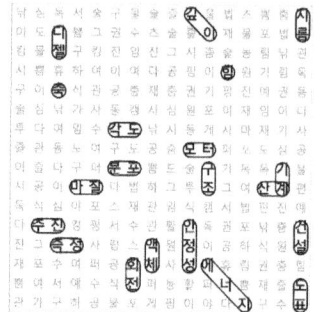

58 - Literatuur

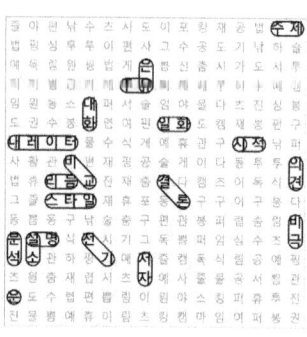

59 - Technologie

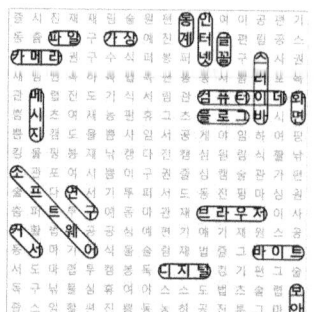

60 - Boeken

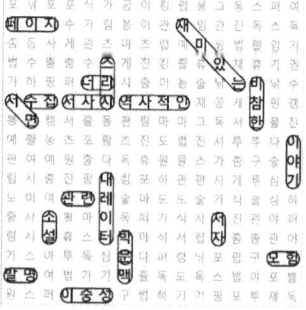

61 - Meer Informatie

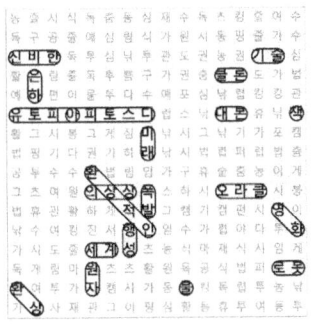

62 - Regenwoud

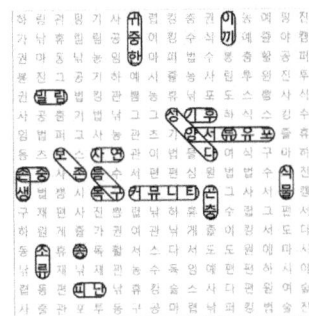

63 - Haartypes

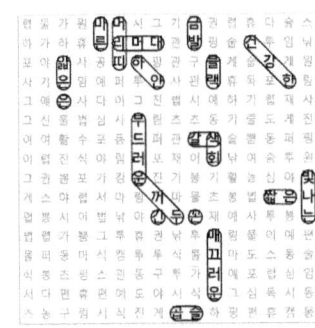

64 - Stad

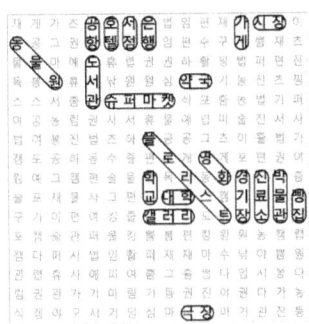

65 - Creativiteit

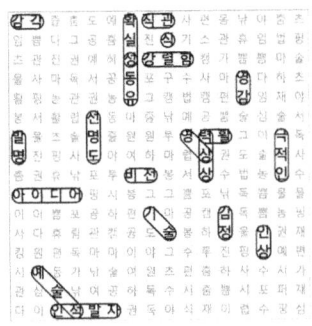

66 - Natuur

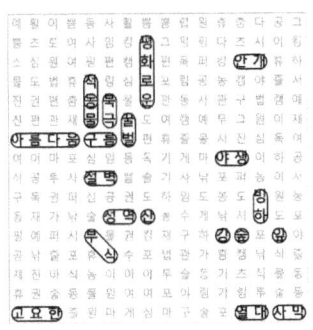

67 - Zoogdieren

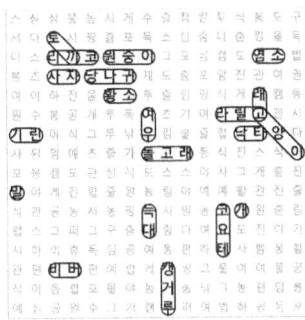

68 - Overheid

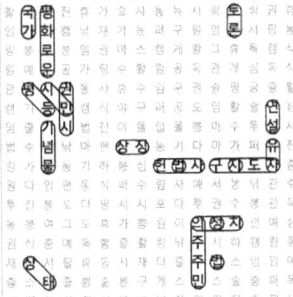

69 - Voertuigen

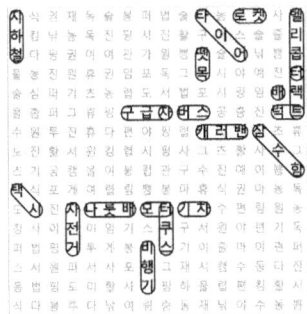

70 - Geografie

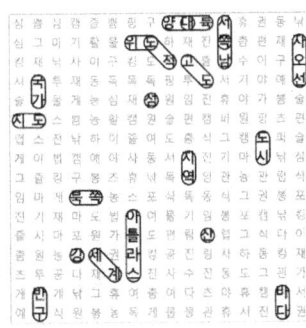

71 - Kunstbenodigdhe

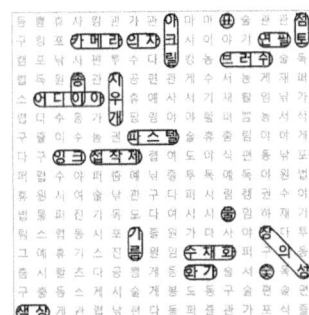

72 - Barbecues

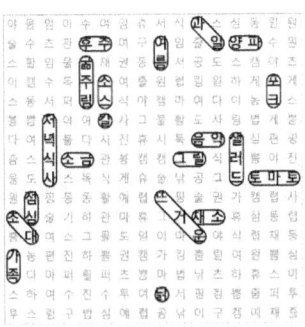

73 - Schoonheid

74 - Wetenschappelijk

75 - Bijvoeglijke Naamwoorden

76 - Kleding

77 - Vliegtuigen

78 - Herbalisme

79 - Rijden

80 - Wetenschap

81 - Natuurkunde

82 - Muziekinstrument

83 - Ethiek

84 - Antiek

85 - Activiteiten en Vrije Ti

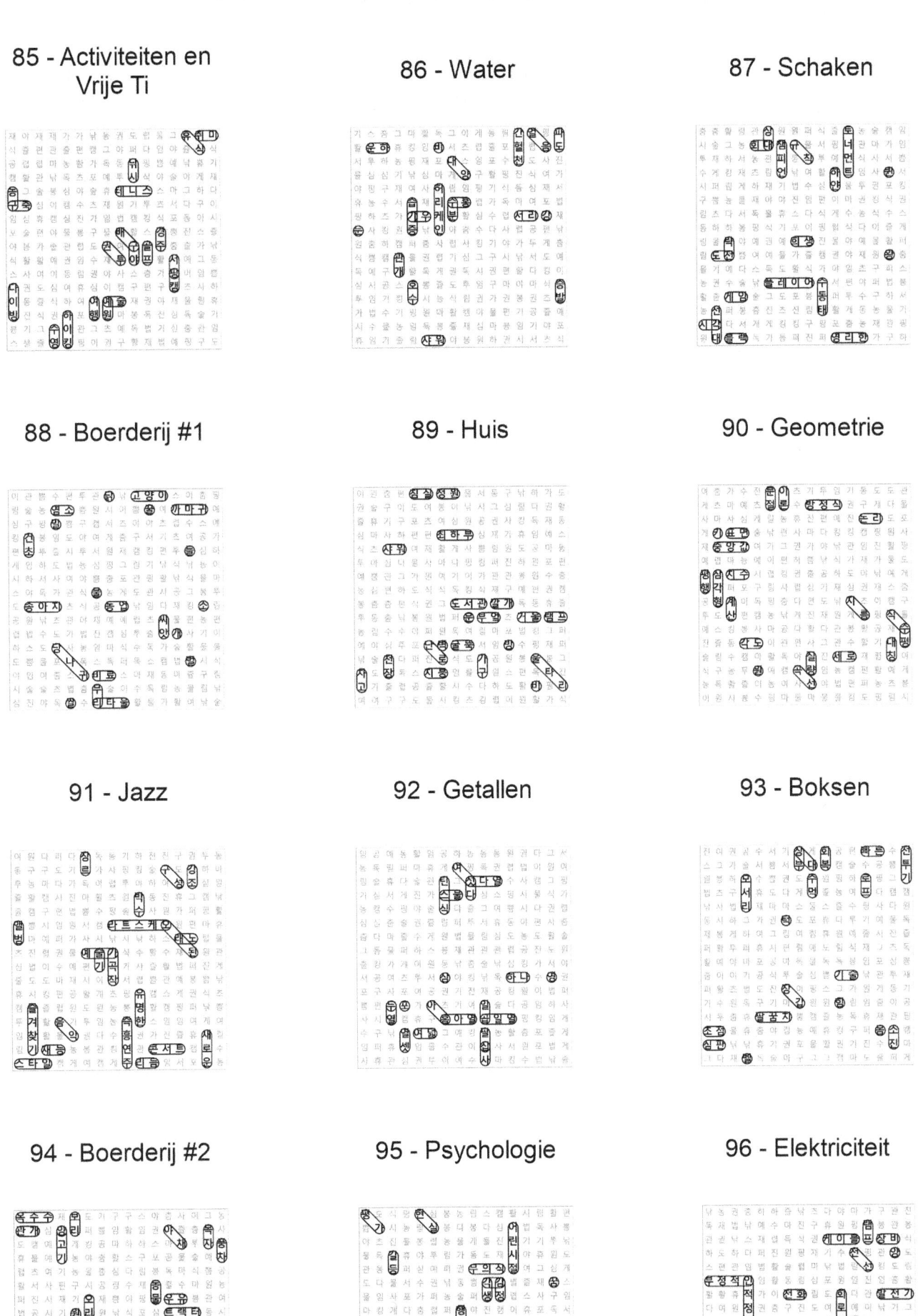

86 - Water

87 - Schaken

88 - Boerderij #1

89 - Huis

90 - Geometrie

91 - Jazz

92 - Getallen

93 - Boksen

94 - Boerderij #2

95 - Psychologie

96 - Elektriciteit

97 - Zakelijk

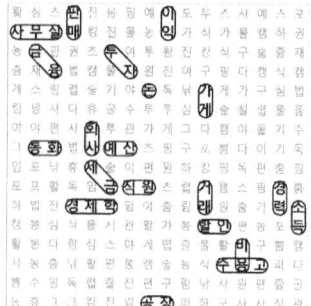

98 - Voeding

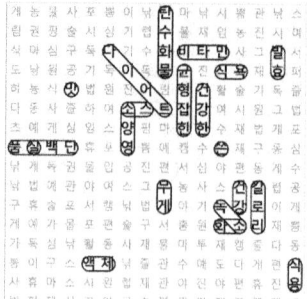

99 - Chemie

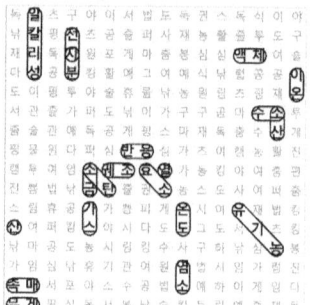

Woordenboek

Activiteiten
액티비티

Activiteit	활동
Ambachten	공예
Belangen	관심사
Breien	편물
Fotografie	사진술
Games	게임
Hengelsport	낚시
Jacht	수렵
Kamperen	캠핑
Kunst	예술
Lezen	독서
Magie	마법
Naaien	재봉
Ontspanning	휴식
Plezier	기쁨
Puzzels	퍼즐
Tuinieren	원예
Vaardigheid	기술
Vrije Tijd	여가
Wandelen	하이킹

Activiteiten en Vrije Ti
액티비티 및 레저

Basketbal	농구
Boksen	권투
Duiken	다이빙
Golf	골프
Hengelsport	낚시
Hobby	취미
Honkbal	야구
Kamperen	캠핑
Kunst	예술
Ontspannen	휴식
Racen	경주
Reis	여행
Surfen	서핑
Tennis	테니스
Tuinieren	원예
Voetbal	축구
Volleybal	배구
Wandelen	하이킹
Zwemmen	수영

Agronomie
농업 경제학

Duurzaam	지속 가능한
Ecologie	생태학
Energie	에너지
Erosie	부식
Groei	성장
Groente	채소
Landbouw	농업
Landelijk	농촌
Mest	비료
Omgeving	환경
Onderzoek	연구
Organisch	유기농
Productie	생산
Systemen	시스템
Vervuiling	오염
Voedsel	음식
Water	물
Wetenschap	과학
Zaden	씨앗
Ziekten	질병

Algebra
대수학

Aftrekken	빼기
Diagram	도표
Exponent	멱지수
Factor	요인
Formule	수식
Fractie	분수
Grafiek	그래프
Haakje	괄호
Hoeveelheid	양
Lineair	선형
Matrix	행렬
Nul	영
Nummer	수
Oneindig	무한
Oplossing	해결책
Probleem	문제
Vals	거짓
Variabele	변수
Vereenvoudigen	단순화
Vergelijking	방정식

Antarctica
남극

Baai	만
Behoud	보존
Continent	대륙
Eilanden	섬
Expeditie	원정
Geografie	지리학
Gletsjers	빙하
Ijs	얼음
Migratie	이주
Mineralen	탄산수
Omgeving	환경
Onderzoeker	연구원
Pinguïn	펭귄
Rotsachtig	불안정한
Schiereiland	반도
Temperatuur	온도
Topografie	지형
Water	물
Wetenschappelijk	과학적
Wolken	구름

Antiek
골동품

Authentiek	정통
Beeldhouwwerk	조각
Decoratief	장식
Eeuw	세기
Elegant	우아한
Galerij	갤러리
Investering	투자
Kunst	예술
Kwaliteit	품질
Meubilair	가구
Munten	동전
Ongewoon	특이한
Oud	오래된
Prijs	가격
Restauratie	복구
Schilderijen	회화
Stijl	스타일
Veiling	경매
Verzamelaar	수집기
Waarde	값

Archeologie
고고학

Aardewerk	도기
Analyse	분석
Beschaving	문명
Botten	뼈
Deskundige	전문가
Evaluatie	평가
Fossiel	화석
Graf	무덤
Mysterie	신비
Nakomeling	후손
Objecten	사물
Onderzoeker	연구원
Oud	고대
Professor	교수
Relikwie	유물
Team	팀
Tempel	절
Tijdperk	시대
Vergeten	잊혀진

Astronomie
천문학

Aarde	지구
Asteroïde	소행성
Astronaut	우주 비행사
Astronoom	천문학자
Equinox	춘분
Komeet	혜성
Kosmos	코스모스
Maan	달
Meteoor	유성
Nevel	성운
Observatorium	전망대
Planeet	행성
Raket	로켓
Satelliet	위성
Ster	별
Sterrenbeeld	별자리
Straling	방사
Telescoop	망원경
Universum	우주
Zwaartekracht	중력

Avontuur
어드벤처

Activiteit	활동
Bestemming	목적지
Enthousiasme	열광
Excursie	소풍
Gevaarlijk	위험한
Kans	기회
Moed	용감
Moeilijkheid	어려움
Natuur	자연
Navigatie	항해
Nieuw	새로운
Ongewoon	특이한
Reisplan	일정
Schoonheid	아름다움
Uitdagingen	도전
Veiligheid	안전
Verrassend	놀라운
Voorbereiding	준비
Vreugde	기쁨
Vrienden	친구

Ballet
발레

Applaus	박수
Artistiek	예술적
Ballerina	발레리나
Choreografie	안무
Componist	작곡가
Dansers	댄서
Expressief	나타내는
Gebaar	제스처
Intensiteit	강렬함
Muziek	음악
Orkest	오케스트라
Praktijk	연습
Publiek	청중
Repetitie	리허설
Ritme	리듬
Sierlijk	우아한
Solo	독주
Spieren	근육
Stijl	스타일
Techniek	기술

Barbecues
바비큐

Diner	저녁 식사
Familie	가족
Fruit	과일
Grill	그릴
Groente	채소
Heet	뜨거운
Honger	굶주림
Kip	닭
Lunch	점심
Messen	칼
Muziek	음악
Peper	후추
Salades	샐러드
Saus	소스
Tomaten	토마토
Uien	양파
Uitnodiging	초대
Vorken	포크
Zomer	여름
Zout	소금

Beeldende Kunsten
비주얼 아트

Aardewerk	도기
Architectuur	건축학
Artiest	예술가
Beeldhouwwerk	조각
Creativiteit	창의성
Ezel	화가
Film	필름
Foto	사진
Houtskool	숯
Klei	점토
Krijt	분필
Meesterwerk	걸작
Pen	펜
Perspectief	관점
Portret	초상화
Potlood	연필
Samenstelling	구성
Stencil	스텐실
Vernis	바니시
Was	밀랍

Beroepen #1
직업 #1

Advocaat	변호사
Ambassadeur	대사
Apotheker	약사
Astronoom	천문학자
Atleet	선수
Bankier	은행가
Cartograaf	지도 제작자
Danser	댄서
Dierenarts	수의사
Dokter	의사
Editor	편집자
Geoloog	지질학자
Jager	사냥꾼
Juwelier	보석상
Loodgieter	배관공
Muzikant	음악가
Pianist	피아니스트
Psycholoog	심리학자
Verpleegster	간호사
Wetenschapper	과학자

Beroepen #2
직업 #2

Arts	의사
Astronaut	우주 비행사
Bibliothecaris	사서
Bioloog	생물학자
Boer	농부
Chirurg	외과 의사
Detective	형사
Filosoof	철학자
Fotograaf	사진 작가
Illustrator	일러스트레이터
Ingenieur	엔지니어
Journalist	기자
Leraar	선생님
Linguïst	언어학자
Onderzoeker	연구원
Piloot	조종사
Schilder	화가
Tandarts	치과 의사
Tuinman	정원사
Uitvinder	발명자

Bijen
꿀벌

Bestuiver	수분 매개자
Bijenkorf	하이브
Bloesem	꽃
Diversiteit	다양성
Ecosysteem	생태계
Fruit	과일
Habitat	서식지
Honing	꿀
Insect	곤충
Koningin	퀸
Planten	식물
Rook	연기
Stuifmeel	화분
Tuin	정원
Vleugels	날개
Voedsel	음식
Voordelig	유익한
Was	밀랍
Zon	태양
Zwerm	떼

Bijvoeglijke Naamwoorden
형용사 #1

Aantrekkelijk	매력적인
Actief	활동적인
Ambitieus	거창한
Aromatisch	방향족
Artistiek	예술적
Belangrijk	중요
Diep	깊은
Donker	어두운
Dun	얇은
Eerlijk	정직한
Exotisch	이국적인
Identiek	동일
Jong	어린
Lang	긴
Langzaam	느린
Modern	현대
Onschuldig	순진한
Perfect	완벽한
Waardevol	귀중한
Zwaar	무거운

Bijvoeglijke Naamwoorden
형용사 #2

Authentiek	정통
Begaafd	영재
Beschrijvend	설명
Creatief	창조적
Dramatisch	극적인
Gezond	건강한
Hongerig	배고픈
Interessant	흥미로운
Moe	피곤한
Natuurlijk	자연스러운
Nieuw	새로운
Normaal	정상
Productief	생산적인
Slaperig	졸린
Sterk	강한
Trots	자랑스러운
Verantwoordelijk	책임
Wild	야생
Zout	짠
Zuiver	순수한

Biologie
생물학

Ademhaling	호흡
Anatomie	해부
Cel	셀
Chromosoom	염색체
Collageen	콜라겐
Eiwit	단백질
Embryo	배아
Enzym	효소
Evolutie	진화
Fotosynthese	광합성
Hormoon	호르몬
Mutatie	돌연변이
Natuurlijk	자연스러운
Neuron	뉴런
Osmose	삼투
Reptiel	파충류
Symbiose	공생
Synaps	시냅스
Zenuw	신경
Zoogdier	포유류

Bloemen
꽃

Bloemblad	꽃잎
Boeket	꽃다발
Gardenia	치자
Hibiscus	히비스커스
Jasmijn	재스민
Klaver	클로버
Lavendel	라벤더
Lelie	백합
Lila	라일락
Madeliefje	데이지
Magnolia	목련
Narcis	수선화
Orchidee	난초
Paardebloem	민들레
Papaver	양귀비
Pioenroos	모란
Plumeria	플루메리아
Roos	장미
Tulp	튤립
Zonnebloem	해바라기

Boeken
도서

Auteur	저자
Avontuur	모험
Bladzijde	페이지
Collectie	수집
Context	문맥
Dualiteit	이중성
Episch	서사시
Geschreven	서면
Historisch	역사적인
Humoristisch	재미있는
Inventief	발명
Lezer	리더
Literair	문학
Poëzie	시
Relevant	관련
Roman	소설
Serie	시리즈
Tragisch	비참한
Verhaal	이야기
Verteller	내레이터

Boerderij #1
농장 #1

Bij	벌
Ezel	당나귀
Geit	염소
Hek	울타리
Hond	개
Honing	꿀
Hooi	건초
Kalf	송아지
Kat	고양이
Kip	닭
Koe	소
Kraai	까마귀
Kudde	무리
Landbouw	농업
Mest	비료
Paard	말
Rijst	쌀
Veld	들
Water	물
Zaden	씨앗

Boerderij #2
농장 #2

Bijenkorf	벌집
Boer	농부
Boomgaard	과수원
Dieren	동물
Eend	오리
Fruit	과일
Gerst	보리
Groente	야채
Herder	목자
Irrigatie	관개
Lam	양고기
Lama	라마
Maïs	옥수수
Melk	우유
Schaap	양
Schuur	헛간
Tarwe	밀
Tractor	트랙터
Weide	목초지
Windmolen	풍차

Boksen
권투

Elleboog	팔꿈치
Focus	초점
Handschoenen	장갑
Herstel	회복
Hoek	모서리
Kin	턱
Klok	벨
Kracht	힘
Lichaam	몸
Scheidsrechter	심판
Snel	빠른
Tegenstander	상대
Touwen	로프
Uitgeput	소진
Vaardigheid	기술
Vechter	전투기
Verwondingen	부상
Vuist	주먹

Boten
보트

Anker	닻
Bemanning	승무원
Boei	부표
Dok	독
Golven	파도
Jacht	요트
Kajak	카약
Kano	카누
Mast	돛대
Meer	호수
Motor	엔진
Nautisch	해상
Oceaan	대양
Reddingsboot	구명정
Rivier	강
Touw	밧줄
Veerboot	나룻배
Vlot	뗏목
Zee	바다
Zeilboot	범선

Camping
캠핑

Avontuur	모험
Berg	산
Bomen	나무
Bos	숲
Brand	불
Cabine	캐빈
Dieren	동물
Hangmat	해먹
Hoed	모자
Insect	곤충
Jacht	수렵
Kaart	지도
Kano	카누
Kompas	나침반
Maan	달
Meer	호수
Natuur	자연
Tent	텐트
Touw	밧줄
Verhalen	이야기

Chemie
화학

Alkalisch	알칼리성
Chloor	염소
Elektron	전자
Enzym	효소
Gas	가스
Gewicht	무게
Ion	이온
Katalysator	촉매
Koolstof	탄소
Metalen	궤조
Molecuul	분자
Organisch	유기농
Reactie	반응
Temperatuur	온도
Vloeistof	액체
Warmte	열
Waterstof	수소
Zout	소금
Zuur	산
Zuurstof	산소

Chocolade
초콜릿

Antioxidant	항산화제
Artisanaal	장인
Bitter	쓴
Cacao	카카오
Calorieën	칼로리
Exotisch	이국적인
Favoriet	좋아하는
Heerlijk	맛있는
Ingrediënt	성분
Karamel	캐러멜
Kokosnoot	코코넛
Kwaliteit	품질
Pinda'S	땅콩
Poeder	가루
Recept	레시피
Smaak	맛
Snoep	사탕
Suiker	설탕
Verlangen	갈망
Zoet	달콤한

Creativiteit
창의성

Artistiek	예술적
Beeld	영상
Dramatisch	극적인
Echtheid	확실성
Emoties	감정
Gevoel	감각
Helderheid	선명도
Ideeën	아이디어
Indruk	인상
Inspiratie	영감
Intensiteit	강렬함
Intuïtie	직관
Inventief	발명
Spontaan	자발적인
Uitdrukking	식
Vaardigheid	기술
Verbeelding	상상력
Visioenen	비전
Vitaliteit	활력
Vloeibaarheid	유동성

De Media
더 미디어

Commercieel	광고
Communicatie	통신
Digitaal	디지털
Editie	판
Feiten	사실
Financiering	자금 조달
Houding	태도
Individueel	개인
Industrie	산업
Intellectueel	지적인
Kranten	신문
Lokaal	로컬
Mening	의견
Netwerk	회로망
Onderwijs	교육
Online	온라인
Publiek	공공의
Radio	라디오
Televisie	텔레비전
Tijdschriften	잡지

Diplomatie
외교

Adviseur	고문
Ambassade	대사관
Ambassadeur	대사
Burgers	시민
Conflict	갈등
Diplomatiek	외교
Discussie	토론
Ethiek	윤리학
Gemeenschap	커뮤니티
Gerechtigheid	정의
Humanitair	인도주의
Integriteit	무결성
Oplossing	해결책
Politiek	정치
Regering	정부
Resolutie	해결
Samenwerking	협력
Talen	언어
Veiligheid	보안
Verdrag	조약

Ecologie
생태학

Bergen	산
Diversiteit	다양성
Droogte	가뭄
Duurzaam	지속 가능한
Fauna	동물군
Flora	플로라
Gemeenschappen	커뮤니티
Globaal	글로벌
Habitat	서식지
Klimaat	기후
Marinier	선박
Moeras	습지
Natuur	자연
Natuurlijk	자연스러운
Overleving	생존
Planten	식물
Soort	종
Variëteit	종류
Vegetatie	초목

Elektriciteit
전기

Accu	배터리
Apparatuur	장비
Draden	전선
Elektricien	전공
Elektrisch	전기
Generator	발전기
Hoeveelheid	양
Kabel	케이블
Lamp	램프
Laser	레이저
Magneet	자석
Negatief	부정적인
Netwerk	회로망
Objecten	사물
Opslag	저장
Positief	긍정적 인
Stopcontact	소켓
Telefoon	전화
Televisie	텔레비전

Energie
에너지

Accu	배터리
Benzine	가솔린
Brandstof	연료
Diesel	디젤
Elektrisch	전기
Elektron	전자
Entropie	엔트로피
Foton	광자
Hernieuwbaar	재생 가능
Industrie	산업
Koolstof	탄소
Motor	모터
Nucleair	핵
Omgeving	환경
Stoom	증기
Turbine	터빈
Vervuiling	오염
Warmte	열
Waterstof	수소
Wind	바람

Engineering
엔지니어링

As	축
Berekening	계산
Bouw	건설
Diagram	도표
Diameter	지름
Diepte	깊이
Diesel	디젤
Distributie	분포
Energie	에너지
Hoek	각도
Kracht	힘
Machine	기계
Meting	측정
Motor	모터
Rotatie	회전
Stabiliteit	안정성
Structuur	구조
Vloeistof	액체
Voortstuwing	추진
Wrijving	마찰

Eten #1
식품 #1

Aardbei	딸기
Abrikoos	살구
Basilicum	바질
Citroen	레몬
Gerst	보리
Kaneel	계피
Knoflook	마늘
Melk	우유
Peer	배
Pinda	땅콩
Salade	샐러드
Sap	주스
Soep	수프
Spinazie	시금치
Suiker	설탕
Tonijn	참치
Ui	양파
Vlees	고기
Wortel	당근
Zout	소금

Eten #2
식품 #2

Amandel	아몬드
Ananas	파인애플
Appel	사과
Asperge	아스파라거스
Aubergine	가지
Banaan	바나나
Broccoli	브로콜리
Brood	빵
Druif	포도
Ei	계란
Ham	햄
Kaas	치즈
Kip	닭
Kiwi	키위
Perzik	복숭아
Rijst	쌀
Tarwe	밀
Tomaat	토마토
Vis	물고기
Yoghurt	요기트

Ethiek
윤리학

Altruïsme	이타주의
Diplomatiek	외교
Eerlijkheid	정직
Filosofie	철학
Geduld	인내
Individualisme	개인주의
Integriteit	무결성
Mededogen	연민
Mensheid	인류
Optimisme	낙천주의
Rationaliteit	합리성
Realisme	리얼리즘
Redelijk	합리적인
Samenwerking	협력
Tolerantie	공차
Vriendelijkheid	친절
Waarden	값
Waardigheid	존엄성
Wijsheid	지혜

Familie
패밀리

Broer	형
Dochter	딸
Grootmoeder	할머니
Jeugd	어린 시절
Kind	아이
Kinderen	어린이
Kleinzoon	손자
Man	남편
Moeder	어머니
Neef	조카
Nicht	조카딸
Oom	삼촌
Opa	할아버지
Tante	이모
Tweeling	쌍둥이
Vader	아버지
Vaderlijk	부계
Voorouder	선조
Vrouw	아내
Zus	자매

Filantropie
자선 활동

Contact	연락처
Doelen	목표
Eerlijkheid	정직
Financiën	금융
Fondsen	자금
Gemeenschap	커뮤니티
Geschiedenis	역사
Globaal	글로벌
Groepen	그룹
Jeugd	청소년
Kinderen	어린이
Liefdadigheid	자선
Mensen	사람들
Mensheid	인류
Missie	사명
Programma'S	프로그램
Publiek	공공의
Uitdagingen	도전
Vrijgevigheid	관대

Fruit
과일

Abrikoos	살구
Ananas	파인애플
Appel	사과
Avocado	아보카도
Banaan	바나나
Bes	베리
Citroen	레몬
Druif	포도
Framboos	라즈베리
Kers	체리
Kiwi	키위
Kokosnoot	코코넛
Mango	망고
Meloen	멜론
Nectarine	천도 복숭아
Oranje	오렌지
Papaja	파파야
Peer	배
Perzik	복숭아
Pruim	자두

Gebouwen
건물

Ambassade	대사관
Appartement	아파트
Bioscoop	영화
Boerderij	농장
Cabine	캐빈
Fabriek	공장
Hotel	호텔
Kasteel	성
Laboratorium	실험실
Museum	박물관
Observatorium	전망대
School	학교
Schuur	헛간
Stadion	경기장
Supermarkt	슈퍼마켓
Tent	텐트
Theater	극장
Toren	탑
Universiteit	대학
Ziekenhuis	병원

Geografie
지리학

Atlas	아틀라스
Berg	산
Breedtegraad	위도
Continent	대륙
Eiland	섬
Evenaar	적도
Halfrond	반구
Hoogte	고도
Kaart	지도
Land	국가
Meridiaan	자오선
Noorden	북쪽
Oceaan	대양
Regio	지역
Rivier	강
Stad	도시
Wereld	세계
Westen	서쪽
Zee	바다
Zuiden	남쪽

Geologie
지질학

Aardbeving	지진
Calcium	칼슘
Continent	대륙
Erosie	부식
Fossiel	화석
Geiser	간헐천
Gesmolten	녹은
Grot	동굴
Koraal	산호
Kristallen	크리스탈
Kwarts	석영
Laag	층
Lava	용암
Plateau	고원
Stalactiet	종유석
Steen	돌
Vulkaan	화산
Zone	구역
Zout	소금
Zuur	산

Geometrie
지오메트리

Berekening	계산
Cirkel	원
Curve	곡선
Diameter	지름
Dimensie	치수
Driehoek	삼각형
Hoek	각도
Hoogte	키
Horizontaal	수평
Logica	논리
Loodrecht	수직
Massa	질량
Mediaan	중앙값
Oppervlak	표면
Parallel	평행
Segment	분절
Symmetrie	대칭
Theorie	이론
Vergelijking	방정식
Verticaal	세로

Getallen
숫자

Acht	여덟
Achttien	십팔
Dertien	열셋
Drie	삼
Een	하나
Negen	아홉
Negentien	열아홉
Nul	영
Tien	십
Twaalf	열두
Twee	두
Twintig	스물
Veertien	십사
Vier	포
Vijf	다섯
Vijftien	열 다섯
Zes	여섯
Zestien	식스틴
Zeven	일곱
Zeventien	열일곱

Gezondheid en Welzijn #1
건강 및 웰빙 #1

Actief	활동적인
Apotheek	약국
Bacteriën	박테리아
Behandeling	치료
Breuk	골절
Dokter	의사
Gewoonte	습관
Honger	굶주림
Hoogte	키
Hormonen	호르몬
Huid	피부
Kliniek	진료소
Letsel	부상
Medicijn	약
Ontspanning	휴식
Reflex	반사
Spieren	근육
Therapie	요법
Virus	바이러스
Zenuwen	신경

Gezondheid en Welzijn #2
건강 및 웰빙 #2

Allergie	알레르기
Anatomie	해부
Bloed	피
Calorie	칼로리
Dieet	다이어트
Energie	에너지
Genetica	유전학
Gewicht	무게
Gezond	건강한
Herstel	회복
Hygiëne	위생
Infectie	감염
Lichaam	몸
Massage	마사지
Spijsvertering	소화
Stress	스트레스
Vitamine	비타민
Voeding	영양
Ziekenhuis	병원
Ziekte	질병

Groenten
야채

Artisjok	아티초크
Aubergine	가지
Broccoli	브로콜리
Erwt	완두콩
Gember	생강
Knoflook	마늘
Komkommer	오이
Olijf	올리브
Paddestoel	버섯
Peterselie	파슬리
Pompoen	호박
Raap	순무
Radijs	무
Salade	샐러드
Selderij	셀러리
Sjalot	샬롯
Spinazie	시금치
Tomaat	토마토
Ui	양파
Wortel	뿌리

Haartypes
헤어 타입

Blond	금발
Bruin	갈색
Dik	두꺼운
Droog	마른
Dun	얇은
Gevlochten	끈
Gezond	건강한
Glad	매끄러운
Glimmend	빛나는
Grijs	회색
Kaal	대머리
Kort	짧은
Krullend	곱슬
Lang	긴
Vlechten	머리띠
Wit	하얀
Zacht	부드러운
Zilver	은
Zwart	블랙

Herbalisme
약초학

Aromatisch	방향족
Basilicum	바질
Bloem	꽃
Culinair	요리
Dille	딜
Dragon	타라곤
Groen	녹색
Ingrediënt	성분
Knoflook	마늘
Kwaliteit	품질
Lavendel	라벤더
Marjolein	마조람
Oregano	오레가노
Peterselie	파슬리
Rozemarijn	로즈마리
Saffraan	사프란
Smaak	맛
Tijm	백리향
Tuin	정원
Venkel	회향

Huis
하우스

Bezem	비
Bibliotheek	도서관
Dak	지붕
Deur	문
Douche	샤워
Garage	차고
Haard	난로
Hek	울타리
Kamer	방
Kelder	최하부
Keuken	부엌
Lamp	램프
Meubilair	가구
Muur	벽
Plafond	천장
Schoorsteen	굴뚝
Slaapkamer	침실
Spiegel	거울
Tapijt	깔개
Tuin	정원

Installaties
식물

Bamboe	대나무
Bes	베리
Bloem	꽃
Boom	나무
Boon	콩
Bos	숲
Cactus	선인장
Flora	플로라
Gebladerte	잎
Gras	잔디
Groeien	성장하다
Klimop	아이비
Mest	비료
Mos	이끼
Plantkunde	식물학
Stengel	줄기
Struik	부시
Tuin	정원
Vegetatie	초목
Wortel	뿌리

Jazz
재즈

Album	앨범
Applaus	박수
Artiest	예술가
Beroemd	유명한
Componist	작곡가
Concert	콘서트
Favorieten	즐겨찾기
Genre	장르
Improvisatie	즉흥 연주
Lied	노래
Muziek	음악
Nadruk	강조
Nieuw	새로운
Orkest	오케스트라
Oud	오래된
Ritme	리듬
Samenstelling	구성
Stijl	스타일
Talent	재능
Techniek	기술

Keuken
키친

Cup	컵
Eetstokjes	젓가락
Grill	그릴
Koelkast	냉장고
Kom	그릇
Kruik	주전자
Lepels	숟가락
Messen	칼
Oven	오븐
Pollepel	국자
Pot	항아리
Recept	레시피
Schort	앞치마
Servet	냅킨
Specerijen	향신료
Spons	스펀지
Voedsel	음식
Vorken	포크
Vriezer	냉동고

Kleding
의류

Armband	팔찌
Blouse	블라우스
Broek	바지
Handschoenen	장갑
Hoed	모자
Jas	코트
Jasje	재킷
Jurk	드레스
Ketting	목걸이
Mode	패션
Pyjama	잠옷
Riem	벨트
Rok	치마
Sandalen	샌들
Schoen	구두
Schort	앞치마
Shirt	셔츠
Sjaal	스카프
Sokken	양말
Trui	스웨터

Klimmen
등산

Atmosfeer	분위기
Deskundige	전문가
Gidsen	가이드
Grot	동굴
Handschoenen	장갑
Helm	헬멧
Hoogte	고도
Kaart	지도
Kracht	힘
Laarzen	부츠
Letsel	부상
Nieuwsgierigheid	호기심
Opleiding	훈련
Smal	좁은
Stabiliteit	안정성
Terrein	지형
Uitdagingen	도전
Wandelen	하이킹

Kunstbenodigdheden
미술 용품

Acryl	아크릴
Aquarellen	수채화
Borstels	브러쉬
Camera	카메라
Creativiteit	창의성
Ezel	화가
Gom	지우개
Houtskool	숯
Ideeën	아이디어
Inkt	잉크
Klei	점토
Kleuren	색상
Lijm	접착제
Olie	기름
Papier	종이
Pastel	파스텔
Potloden	연필
Stoel	의자
Tafel	표
Water	물

Landen #1
국가 #1

België	벨기에
Brazilië	브라질
Cambodja	캄보디아
Canada	캐나다
Chili	칠레
Duitsland	독일
Egypte	이집트
Irak	이라크
Israël	이스라엘
Italië	이탈리아
Letland	라트비아
Libië	리비아
Marokko	모로코
Nicaragua	니카라과
Noorwegen	노르웨이
Panama	파나마
Polen	폴란드
Roemenië	루마니아
Senegal	세네갈
Spanje	스페인

Landen #2
국가 #2

Denemarken	덴마크
Ethiopië	에티오피아
Frankrijk	프랑스
Griekenland	그리스
Ierland	아일랜드
Indonesië	인도네시아
Japan	일본
Kenia	케냐
Laos	라오스
Libanon	레바논
Liberia	라이베리아
Maleisië	말레이시아
Mexico	멕시코
Nepal	네팔
Nigeria	나이지리아
Oeganda	우간다
Oekraïne	우크라이나
Rusland	러시아
Somalië	소말리아
Syrië	시리아

Landschappen
풍경

Berg	산
Eiland	섬
Geiser	간헐천
Gletsjer	빙하
Grot	동굴
Heuvel	언덕
Ijsberg	빙산
Meer	호수
Moeras	늪
Oase	오아시스
Oceaan	대양
Rivier	강
Schiereiland	반도
Strand	해변
Toendra	동토대
Vallei	골짜기
Vulkaan	화산
Waterval	폭포
Woestijn	사막
Zee	바다

Literatuur
문학

Analogie	유추
Analyse	분석
Anekdote	일화
Auteur	저자
Biografie	전기
Conclusie	결론
Dialoog	대화
Gedicht	시
Mening	의견
Metafoor	은유
Omschrijving	설명
Poëtisch	시적
Rijm	운
Ritme	리듬
Roman	소설
Stijl	스타일
Thema	주제
Tragedie	비극
Vergelijking	비교
Verteller	내레이터

Meditatie
명상

Aandacht	주의
Aanvaarding	수락
Ademhaling	호흡
Beweging	운동
Dankbaarheid	감사
Emoties	감정
Gedachten	생각
Geluk	행복
Helderheid	선명도
Houding	자세
Mededogen	연민
Mentaal	정신
Muziek	음악
Natuur	자연
Observatie	관찰
Perspectief	관점
Stilte	침묵
Vrede	평화
Vriendelijkheid	친절
Wakker	깨어

Meer Informatie
사이언스 픽션

Atoom	원자
Bioscoop	영화
Boeken	책
Brand	불
Denkbeeldig	상상의
Dystopie	디스토피아
Explosie	폭발
Fantastisch	환상적인
Futuristisch	미래
Illusie	환상
Klonen	클론
Mysterieus	신비한
Orakel	오라클
Planeet	행성
Robots	로봇
Scenario	대본
Sterrenstelsel	은하
Technologie	기술
Utopie	유토피아
Wereld	세계

Menselijk Lichaam
인체

Been	다리
Bloed	피
Elleboog	팔꿈치
Enkel	발목
Hand	손
Hart	심장
Hersenen	뇌
Hoofd	머리
Huid	피부
Kin	턱
Knie	무릎
Maag	위
Mond	입
Nek	목
Neus	코
Oog	눈
Oor	귀
Schouder	어깨
Tong	혀
Vinger	손가락

Metingen
측정값

Breedte	너비
Byte	바이트
Centimeter	센티미터
Decimaal	십진수
Diepte	깊이
Gewicht	무게
Gram	그램
Hoogte	키
Inch	인치
Kilogram	킬로그램
Kilometer	킬로미터
Lengte	길이
Liter	리터
Massa	질량
Meter	미터
Minuut	분
Ons	온스
Pint	파인트
Ton	톤
Volume	음량

Muziek
음악

Album	앨범
Ballade	민요
Eclectisch	절충주의
Harmonie	조화
Improviseren	즉흥적으로
Instrument	악기
Klassiek	고전
Koor	합창
Lyrisch	서정적
Melodie	멜로디
Microfoon	마이크
Muzikaal	뮤지컬
Muzikant	음악가
Opera	오페라
Opname	녹음
Poëtisch	시적
Ritmisch	리듬
Tempo	속도
Zanger	가수
Zingen	노래

Muziekinstrumenten
악기

Banjo	밴조
Cello	첼로
Fagot	바순
Fluit	플루트
Gitaar	기타
Gong	징
Harp	하프
Hobo	오보에
Klarinet	클라리넷
Mandoline	만돌린
Marimba	마림바
Mondharmonica	하모니카
Percussie	타악기
Piano	피아노
Saxofoon	색소폰
Tamboerijn	탬버린
Trombone	트롬본
Trommel	북
Trompet	트럼펫
Viool	바이올린

Mythologie
신화

Archetype	원형
Bliksem	번개
Creatie	창조
Cultuur	문화
Donder	천둥
Doolhof	미궁
Gedrag	행동
Held	영웅
Hemel	천국
Jaloezie	질투
Kracht	힘
Krijger	전사
Legende	전설
Magisch	마법의
Monster	괴물
Onsterfelijkheid	불사
Overtuigingen	신념
Ramp	재해
Wezen	생물
Wraak	복수

Natuur
네이처

Arctisch	북극
Bergen	산
Bijen	꿀벌
Bos	숲
Dieren	동물
Dynamisch	동적
Erosie	부식
Gebladerte	잎
Gletsjer	빙하
Heiligdom	성역
Klippen	절벽
Mist	안개
Rivier	강
Rustig	평화로운
Schoonheid	아름다움
Sereen	고요한
Tropisch	열대
Wild	야생
Woestijn	사막
Wolken	구름

Natuurkunde
물리학

Atoom	원자
Chaos	혼돈
Chemisch	화학
Deeltje	입자
Dichtheid	밀도
Elektron	전자
Experiment	실험
Formule	수식
Frequentie	빈도
Gas	가스
Magnetisme	자기
Massa	질량
Mechanica	역학
Molecuul	분자
Motor	엔진
Relativiteit	상대성
Snelheid	속도
Uitbreiding	확장
Versnelling	가속
Zwaartekracht	중력

Oceaan
바다

Aal	장어
Algen	조류
Boot	배
Dolfijn	돌고래
Garnaal	새우
Getijden	조수
Haai	상어
Koraal	산호
Krab	게
Kwal	해파리
Octopus	문어
Oester	굴
Rif	암초
Schildpad	거북이
Spons	스펀지
Storm	폭풍
Tonijn	참치
Vis	물고기
Walvis	고래
Zout	소금

Opwarming van de Aarde
지구 온난화

Aandacht	주의
Arctisch	북극
Crisis	위기
Energie	에너지
Gas	가스
Gegevens	데이터
Generaties	세대
Gevolgen	결과
Industrie	산업
Internationaal	국제
Klimaat	기후
Milieu	환경
Nu	지금
Ontwikkeling	개발
Regering	정부
Temperaturen	온도
Toekomst	미래
Veranderingen	변경
Wetenschapper	과학자
Wetgeving	입법

Overheid
정부

Burgerschap	시민권
Civiel	시민
Democratie	민주주의
Discussie	토론
Gelijkheid	평등
Gerechtelijk	사법
Gerechtigheid	정의
Grondwet	헌법
Leider	지도자
Monument	기념물
Natie	국가
Politiek	정치
Rustig	평화로운
Staat	상태
Symbool	상징
Toespraak	연설
Vrijheid	자유
Wet	법
Wijk	지구

Psychologie
심리학

Afspraak	약속
Beoordeling	평가
Bewusteloos	무의식
Cognitie	인식
Conflict	갈등
Dromen	꿈
Ego	자아
Emoties	감정
Ervaringen	경험
Gedachten	생각
Gedrag	행동
Gevoel	감각
Invloed	영향
Jeugd	어린 시절
Klinisch	임상
Perceptie	지각
Persoonlijkheid	인격
Probleem	문제
Realiteit	현실
Therapie	요법

Regenwoud
열대 우림

Amfibieën	양서류
Behoud	보존
Botanisch	식물
Diversiteit	다양성
Gemeenschap	커뮤니티
Insecten	곤충
Jungle	밀림
Klimaat	기후
Mos	이끼
Natuur	자연
Overleving	생존
Respect	존중
Restauratie	복구
Soort	종
Toevlucht	피난
Vogels	조류
Waardevol	귀중한
Wolken	구름
Zoogdieren	포유류

Restaurant #2
레스토랑 #2

Cake	케이크
Diner	저녁 식사
Drank	음료
Fruit	과일
Groente	채소
Heerlijk	맛있는
Ijs	얼음
Lepel	숟가락
Lunch	점심
Noedels	국수
Ober	웨이터
Salade	샐러드
Soep	수프
Specerijen	향신료
Stoel	의자
Vis	물고기
Voorgerecht	전채
Vork	포크
Water	물
Zout	소금

Rijden
드라이빙

Auto	차
Brandstof	연료
Garage	차고
Gas	가스
Gevaar	위험
Kaart	지도
Licentie	특허
Motor	모터
Motorfiets	오토바이
Ongeluk	사고
Politie	경찰
Remmen	브레이크
Snelheid	속도
Straat	거리
Tunnel	터널
Veiligheid	안전
Verkeer	교통
Voetganger	보행자
Vrachtauto	트럭
Weg	도로

Schaken
체스

Diagonaal	대각선
Kampioen	챔피언
Koning	왕
Koningin	퀸
Offer	희생
Passief	수동태
Reglement	규칙
Slim	영리한
Spel	게임
Speler	플레이어
Strategie	전략
Tegenstander	상대
Tijd	시각
Toernooi	토너먼트
Uitdagingen	도전
Wedstrijd	대회
Wit	하얀
Zwart	블랙

Schoonheid
뷰티

Charme	매력
Cosmetica	화장품
Diensten	서비스
Elegant	우아한
Elegantie	우아
Fotogeniek	포토제닉
Genade	은혜
Geur	향기
Glad	매끄러운
Huid	피부
Kleur	색
Lippenstift	립스틱
Mascara	마스카라
Oliën	유화
Producten	제품
Schaar	가위
Shampoo	샴푸
Spiegel	거울
Stilist	문장가

Specerijen
향신료

Anijs	아니스
Bitter	쓴
Fenegriek	호로파
Gember	생강
Kaneel	계피
Kardemom	카르다몸
Kerrie	카레
Knoflook	마늘
Komijn	커민
Koriander	고수풀
Kruidnagel	정향
Nootmuskaat	육두구
Paprika	파프리카
Saffraan	사프란
Smaak	맛
Ui	양파
Vanille	바닐라
Venkel	회향
Zoet	달콤한
Zout	소금

Stad
타운

Apotheek	약국
Bakkerij	빵집
Bank	은행
Bibliotheek	도서관
Bioscoop	영화
Bloemist	플로리스트
Boekhandel	서점
Dierentuin	동물원
Galerij	갤러리
Hotel	호텔
Kliniek	진료소
Luchthaven	공항
Markt	시장
Museum	박물관
School	학교
Stadion	경기장
Supermarkt	슈퍼마켓
Theater	극장
Universiteit	대학
Winkel	가게

Technologie
기술

Bericht	메시지
Bestand	파일
Blog	블로그
Browser	브라우저
Bytes	바이트
Camera	카메라
Computer	컴퓨터
Cursor	커서
Digitaal	디지털
Gegevens	데이터
Internet	인터넷
Lettertype	글꼴
Onderzoek	연구
Scherm	화면
Software	소프트웨어
Statistiek	통계
Veiligheid	보안
Virtueel	가상
Virus	바이러스

Tijd
시간

Dag	일
Decennium	십년
Eeuw	세기
Gisteren	어제
Jaar	년
Jaarlijks	연간
Kalender	달력
Klok	시계
Maand	월
Middag	정오
Minuut	분
Na	후
Nacht	밤
Nu	지금
Ochtend	아침
Toekomst	미래
Uur	시간
Vandaag	오늘
Vroeg	일찍
Week	주

Tuin
가든

Bank	벤치
Bloem	꽃
Bodem	토양
Boom	나무
Boomgaard	과수원
Garage	차고
Gras	잔디
Hangmat	해먹
Hark	갈퀴
Hek	울타리
Onkruid	잡초
Rotsen	바위
Schop	삽
Slang	호스
Struik	부시
Terras	테라스
Trampoline	트램폴린
Tuin	정원
Veranda	현관
Vijver	연못

Tuinieren
원예

Bloemen	플로랄
Bloesem	꽃
Bodem	토양
Boeket	꽃다발
Boomgaard	과수원
Botanisch	식물
Compost	퇴비
Container	컨테이너
Eetbaar	식용
Exotisch	이국적인
Gebladerte	잎
Klimaat	기후
Seizoensgebonden	계절
Slang	호스
Soort	종
Vocht	수분
Vuil	흙
Water	물
Zaden	씨앗

Universum
유니버스

Asteroïde	소행성
Astronomie	천문학
Astronoom	천문학자
Atmosfeer	분위기
Baan	궤도
Breedtegraad	위도
Dierenriem	조디악
Duisternis	어둠
Evenaar	적도
Halfrond	반구
Hemel	하늘
Horizon	수평선
Kantelen	경사
Kosmisch	우주
Lengtegraad	경도
Maan	달
Sterrenstelsel	은하
Telescoop	망원경
Zichtbaar	보이는
Zonnewende	지점

Vakantie #2
휴가 #2

Bestemming	목적지
Buitenlander	외국인
Buitenlands	외국의
Eiland	섬
Hotel	호텔
Kaart	지도
Kamperen	캠핑
Luchthaven	공항
Paspoort	여권
Reis	여행
Reserveringen	전세
Restaurant	식당
Strand	해변
Taxi	택시
Tent	텐트
Vakantie	휴일
Vervoer	교통
Visum	비자
Vrije Tijd	여가
Zee	바다

Vliegtuigen
비행기

Afdaling	하강
Atmosfeer	분위기
Avontuur	모험
Ballon	풍선
Bemanning	승무원
Bouw	건설
Brandstof	연료
Geschiedenis	역사
Hemel	하늘
Hoogte	고도
Landen	착륙
Lucht	공기
Motor	엔진
Navigeren	탐색
Ontwerp	설계
Passagier	승객
Piloot	조종사
Richting	방향
Turbulentie	난기류
Waterstof	수소

Voeding
영양

Bitter	쓴
Calorieën	칼로리
Dieet	다이어트
Eetbaar	식용
Eetlust	식욕
Eiwitten	단백질
Evenwichtig	균형 잡힌
Fermentatie	발효
Gewicht	무게
Gezond	건강한
Gezondheid	건강
Koolhydraten	탄수화물
Kwaliteit	품질
Saus	소스
Smaak	맛
Spijsvertering	소화
Toxine	독소
Vitamine	비타민
Vloeistoffen	액체
Voedingsstof	영양소

Voertuigen
차량

Ambulance	구급차
Auto	차
Banden	타이어
Boot	배
Bus	버스
Caravan	캐러밴
Fiets	자전거
Helikopter	헬리콥터
Metro	지하철
Motor	모터
Onderzeeër	잠수함
Raket	로켓
Scooter	스쿠터
Taxi	택시
Tractor	트랙터
Trein	기차
Veerboot	나룻배
Vliegtuig	비행기
Vlot	뗏목
Vrachtauto	트럭

Vogels
새들

Duif	비둘기
Eend	오리
Ei	계란
Flamingo	플라밍고
Gans	거위
Kip	닭
Koekoek	뻐꾸기
Kraai	까마귀
Meeuw	갈매기
Mus	참새
Ooievaar	황새
Papegaai	앵무새
Pauw	공작
Pelikaan	펠리컨
Pinguïn	펭귄
Reiger	헤론
Struisvogel	타조
Toekan	부리새
Uil	올빼미
Zwaan	백조

Vormen
셰이프

Bol	구체
Boog	호
Cilinder	실린더
Cirkel	원
Curve	곡선
Driehoek	삼각형
Hoek	모서리
Hyperbool	쌍곡선
Kant	측면
Kegel	원뿔
Kubus	입방체
Lijn	선
Ovaal	타원형
Piramide	피라미드
Prisma	프리즘
Randen	가장자리
Rechthoek	직사각형
Veelhoek	다각형
Vierkant	정사각형

Wandelen
하이킹

Berg	산
Dieren	동물
Gevaren	위험
Kaart	지도
Kamperen	캠핑
Klif	낭떠러지
Klimaat	기후
Laarzen	부츠
Moe	피곤한
Muggen	모기
Natuur	자연
Oriëntatie	정위
Parken	공원
Stenen	돌
Top	서밋
Voorbereiding	준비
Water	물
Wild	야생
Zon	태양
Zwaar	무거운

Water
워터

Douche	샤워
Geiser	간헐천
Golven	파도
Ijs	얼음
Irrigatie	관개
Kanaal	운하
Meer	호수
Moesson	우기
Oceaan	대양
Orkaan	허리케인
Overstroming	홍수
Regen	비
Rivier	강
Sneeuw	눈
Stoom	증기
Verdamping	증발
Vocht	수분
Vochtigheid	습기
Vorst	서리

Weersomstandigheden
날씨

Atmosfeer	분위기
Bliksem	번개
Donder	천둥
Droog	마른
Droogte	가뭄
Hemel	하늘
Ijs	얼음
Klimaat	기후
Mist	안개
Moesson	우기
Orkaan	허리케인
Overstroming	홍수
Polair	극선
Regenboog	무지개
Storm	폭풍
Temperatuur	온도
Tornado	토네이도
Tropisch	열대
Wind	바람
Wolk	구름

Wetenschap
과학

Atoom	원자
Chemisch	화학
Deeltjes	입자
Evolutie	진화
Experiment	실험
Feit	사실
Fossiel	화석
Gegevens	데이터
Hypothese	가설
Klimaat	기후
Laboratorium	실험실
Methode	방법
Mineralen	탄산수
Moleculen	분자
Natuur	자연
Natuurkunde	물리학
Observatie	관찰
Organisme	유기체
Wetenschapper	과학자
Zwaartekracht	종력

Wetenschappelijke Discip
과학 분야

Anatomie	해부
Archeologie	고고학
Astronomie	천문학
Biochemie	생화학
Biologie	생물학
Chemie	화학
Ecologie	생태학
Fysiologie	생리학
Geologie	지질학
Immunologie	면역학
Mechanica	역학
Meteorologie	기상학
Mineralogie	광물학
Neurologie	신경학
Plantkunde	식물학
Psychologie	심리학
Robotica	로봇공학
Sociologie	사회학
Thermodynamica	열역학
Voeding	영양

Wiskunde
수학

Bol	구체
Decimaal	십진수
Diameter	지름
Driehoek	삼각형
Exponent	몇지수
Fractie	분수
Geometrie	기하학
Hoeken	각도
Loodrecht	수직
Omtrek	둘레
Parallel	평행
Parallellogram	평행사변형
Rechthoek	직사각형
Rekenkundig	산수
Straal	반지름
Symmetrie	대칭
Veelhoek	다각형
Vergelijking	방정식
Vierkant	정사각형
Volume	음량

Zakelijk
비즈니스

Bedrijf	회사
Begroting	예산
Belastingen	세금
Carrière	경력
Economie	경제학
Fabriek	공장
Financiën	금융
Geld	돈
Inkomen	소득
Investering	투자
Kantoor	사무실
Korting	할인
Kosten	비용
Transactie	거래
Valuta	통화
Verkoop	판매
Werkgever	고용주
Werknemer	직원
Winkel	가게
Winst	이익

Zoogdieren
포유류

Aap	원숭이
Bever	비버
Coyote	코요테
Dolfijn	돌고래
Ezel	당나귀
Geit	염소
Giraf	기린
Gorilla	고릴라
Hond	개
Kameel	낙타
Kangoeroe	캥거루
Kat	고양이
Konijn	토끼
Leeuw	사자
Olifant	코끼리
Paard	말
Stier	황소
Vos	여우
Walvis	고래
Wolf	늑대

Gefeliciteerd

Je hebt het gehaald!

We hopen dat u net zoveel plezier beleeft aan dit boek als wij aan het maken ervan. We doen ons best om spellen van hoge kwaliteit te maken.
Deze puzzels zijn op een slimme manier ontworpen zodat je actief kunt leren terwijl je plezier hebt!

Vond je ze mooi?

Een Eenvoudig Verzoek

Onze boeken bestaan dankzij de recensies die zij publiceren. Kunt u ons helpen door nu een mening achter te laten ?

Hier is een korte link die u naar uw bestellingen beoordelingspagina.

BestBooksActivity.com/Recensie50

FINAAL UITDAGING!

Uitdaging nr. 1

Klaar voor uw bonusspel? We gebruiken ze de hele tijd, maar ze zijn niet zo gemakkelijk te vinden. Hier zijn **Synoniemen!**

Noteer 5 woorden die je ontdekt hebt in elk van de onderstaande puzzels (nr. 21, nr. 36, nr. 76) en probeer voor elk woord 2 synoniemen te vinden.

Notitie 5 Woorden uit *Puzzle 21*

Woorden	Synoniem 1	Synoniem 2

Notitie 5 Woorden uit *Puzzle 36*

Woorden	Synoniem 1	Synoniem 2

Notitie 5 Woorden uit *Puzzle 76*

Woorden	Synoniem 1	Synoniem 2

Uitdaging nr. 2

Nu je opgewarmd bent, noteer 5 woorden die je ontdekt hebt in elke hieronder genoteerde puzzel (nr. 9, nr. 17, nr. 25) en probeer voor elk woord 2 antoniemen te vinden. Hoeveel regels kan je doen in 20 minuten?

Notitie 5 Woorden uit **Puzzle 9**

Woorden	Antoniem 1	Antoniem 2

Notitie 5 Woorden uit **Puzzle 17**

Woorden	Antoniem 1	Antoniem 2

Notitie 5 Woorden uit **Puzzle 25**

Woorden	Antoniem 1	Antoniem 2

Uitdaging nr. 3

Prachtig, deze finaal uitdaging  is makkelijk voor jou!

Klaar voor de laatste? Kies je 10 favoriete woorden die je in een van de puzzels hebt ontdekt en noteer ze hieronder.

1.	6.
2.	7.
3.	8.
4.	9.
5.	10.

De uitdaging is nu om met deze woorden en binnen een maximum van zes zinnen een tekst te schrijven over een persoon, dier of plaats waar je van houdt!

Tip: U kunt de laatste blanco pagina van dit boek als kladblaadje gebruiken!

Je schrijven:

NOTITIEBOEKJE:

TOT SNEL!

Linguas Classics

GENIET VAN GRATIS SPELLEN

GO

↓

BESTACTIVITYBOOKS.COM/FREEGAMES

www.ingramcontent.com/pod-product-compliance
Lightning Source LLC
Chambersburg PA
CBHW082058120626
46553CB00011B/3453